Inhalt

Prolog: Panik 9

1. Krisenerfahrungen *15*
2. Metamorphose: Eine andere Geschichte der Union *31*

Zwischenspiel *59*

3. Chronik der Coronakrise *67*
4. Das Theater der Öffentlichkeit *113*
5. Geopolitik: Zwischen China und den USA *149*

Epilog: Masken ab! *177*

Anmerkungen *185*
Dank *202*

Luuk van Middelaar

Das europäische Pandämonium

Was die Pandemie über den Zustand der EU enthüllt

Aus dem Niederländischen von Andreas Ecke

Suhrkamp

Die Originalausgabe erscheint 2021 unter dem Titel *Een Europees Pandemonium* bei Historische Uitgeverij (Groningen).

Die Übersetzung dieses Buches wurde von der niederländischen Stiftung für Literatur gefördert.

Nederlands
letterenfonds
dutch foundation
for literature

edition suhrkamp 2763
Erste Auflage 2021
© Suhrkamp Verlag Berlin 2021
© Luuk van Middelaar 2021
Satz: Satz-Offizin Hümmer GmbH, Waldbüttelbrunn
Druck: C.H. Beck, Nördlingen
Umschlag gestaltet nach einem Konzept
von Willy Fleckhaus: Rolf Staudt
Printed in Germany
ISBN 978-3-518-12763-6

Ich wollte, dass man *Die Pest* auf mehreren Ebenen lesen kann.
Dennoch handelt der Roman ganz offenkundig vom europäischen
Widerstand gegen den Nazismus. Der Beweis dafür ist, dass dieser an
keiner Stelle beim Namen genannte Feind von allen erkannt wurde,
und zwar in allen Ländern Europas. […] In gewissem Sinne ist
Die Pest mehr als eine Chronik des Widerstands. Aber sie ist ganz
sicher nicht weniger.

Albert Camus an Roland Barthes (1955)

Prolog: Panik

> Ja, einige waren so schwärmerisch
> begeistert, dass sie mit ihren münd-
> lichen Weissagungen durch die
> Straßen liefen und behaupteten, sie
> seien gesandt, um der Stadt zu
> predigen, und vor allem rief einer,
> wie Jona zu Ninive, in den Straßen
> aus: »Noch vierzig Tage, und
> London wird zerstört werden.«
> *Daniel Defoe,* Die Pest in London[1]

Immer lauter ertönt eine verzweifelte Klage. In den letzten
Winterwochen des Jahres 2020 verbreitet sich das Virus heim-
tückisch über den unachtsamen Kontinent und zwingt Zehntausende in einen Kampf auf Leben und Tod. Die meisten
europäischen Staaten riegeln ihre Grenzen ab, Millionen
Haushalte verschließen ihre Türen, während die Fernsehnachrichten Tag für Tag die Toten zählen und Ärztinnen und
Krankenpfleger wie in den Krieg ziehende Soldaten ehren.
Kolonnen von Militärlastwagen mit Särgen in der Lombar-
dei, verlassene Altenheime in Madrid, mobile Krematorien
in Wuhan: Fragmente entsetzlicher Szenen nähren die Angst
vor Berührung und Ansteckung. In Europa ereignet sich
eine Katastrophe, doch eine gemeinsame Antwort bleibt
aus. Europa handelt nicht.

Besonders heftig ist die Klage in Italien, das früh vom Virus heimgesucht wird. Hilferufe bleiben unbeantwortet, bit-
tere Vorwürfe folgen. »Wenn wir in dieser Stunde der Wahrheit im Stich gelassen werden, sind wir außerhalb der Union
besser aufgehoben«, ist oft zu hören. Zustimmung kommt,

etwas leiser, aus Spanien. Auch anderswo steht die langsame und schwache Reaktion der europäischen Institutionen in scharfem Kontrast zu menschlichen Tragödien, in Krankenhäusern und Altenheimen von Bergamo bis Madrid, Mulhouse oder Tilburg. Die chaotisch geschlossenen Binnengrenzen gelten als weiterer Skandal. Wenn die Union das freie Reisen, seit Jahr und Tag ihr größter Stolz, nicht garantieren kann – ja, wenn freie Bewegung sogar eine Gefahrenquelle ist –, drohen Irrelevanz und Implosion.

Verblüffend schnell schlagen die Sorgen und Vorwürfe in Zweifel am Überleben der Union als solcher um. In der ganzen Welt verlangt die Pandemie den Regierenden wie den Bevölkerungen das Äußerste ab. Die Geschwindigkeit der Ausbreitung, die epidemiologische Unsicherheit und die gesellschaftliche Verwirrung stellen alle politischen Systeme auf die Probe. In China macht Covid-19 die Schwächen und die Stärken eines autoritären Staates sichtbar: Nach einer peinlichen Phase der Leugnung und Zensur geht Xi Jinpings Regierung das Problem energisch an. In den Vereinigten Staaten fordert die Pandemie den Präsidenten als impulsiven Staatschef in Krisenzeiten heraus, der im Vorfeld der Wahl einen Zickzackkurs zwischen dem Übel Hunderttausender Todesopfer und den Kosten eines Lockdowns fährt. Trotzdem kommt niemand auf den Gedanken, einer dieser beiden Staaten könne durch die Pandemie zerstört werden. Für die Europäische Union dagegen wird die Krise prompt und ganz selbstverständlich als eine Angelegenheit wahrgenommen, bei der es ums Ganze geht.

Im pandemischen Lamento über das drohende Ende Europas sind zwei Kategorien von Vorsängern zu unterscheiden. Da sind erstens die Stimmen des Gewissens. Im fast leeren Petersdom wendet sich Papst Franziskus am Ostersonntag an die Stadt und den Erdkreis. Er erinnert an die Zerstörungen des Krieges und den Wiederaufbau nach 1945, der möglich war, weil alte Rivalitäten überwunden wurden, und mahnt: »Umso dringender ist es, gerade unter den heutigen Umständen, dass diese Rivalitäten nicht wieder aufleben, sondern dass sich alle als Teil einer Familie erkennen und sich gegenseitig unterstützen.«[2] Im gleichen Geist warnt ein Luxemburger Kardinal vor der »Entzauberung« des europäischen Projekts, dem diese Krise die »fatale Wunde« zufügen könne.[3] Ende März erkennt der ehemalige Kommissionspräsident Jacques Delors in der ausbleibenden innereuropäischen Solidarität eine »tödliche Gefahr« für die Union. Mit ausgeprägtem Sinn für Metaphorik stellt der 94-Jährige fest: »Die Mikrobe ist zurück.«[4] Ähnlich düster äußert sich Jean-Claude Juncker, einer von Delors' Nachfolgern, in einer österreichischen Zeitung: »Der europäische Geist ist in Gefahr.«[5] Die moralischen und politischen Autoritäten legen den Nachdruck auf Europa als ideelles Projekt, als Schicksalsgemeinschaft, die nationale Egoismen überwinden muss. Ohne das Bewusstsein der Verbundenheit werde Europa als Idee sterben.

Zweitens sind die besorgten Stimmen des Geldes zu hören – aus London, New York, Frankfurt. Weil sie das Ende Europas als Währungsunion und Markt fürchten, erinnern sie an die dramatischen finanziellen und wirtschaftlichen Krisen, die die Währungsunion seit 2008 durchgemacht hat. Der frühere Zentralbankpräsident Mario Draghi warnt vor einer »menschlichen Tragödie biblischen Ausmaßes«.[6] Zweifel von Investoren an der Zahlungsfähigkeit des italienischen Staates könnten eine Eurokrise auslösen, meint ein Warner in der *Financial Times*.[7] Unternehmer teilen diese Sorge. Im britischen Fernsehen bezeichnet der italienische Ministerpräsident Giuseppe Conte die sozioökonomischen Folgen der Pandemie als »große Herausforderung für das Weiterbestehen Europas« und warnt, die Gefahr eines Zerfalls sei »real«.[8] Anfang Mai erklären die Dienste der Kommission in amtlichem Ton, die Krise werde vermutlich »zu schwerwiegenden Verzerrungen auf dem Binnenmarkt und zu tief greifenden wirtschaftlichen, finanziellen und sozialen Unterschieden zwischen Mitgliedstaaten des Euro-Währungsgebiets« führen, was schließlich die Stabilität der Wirtschafts- und Währungsunion bedrohen könne.[9] Das ökonomische Flechtwerk, dem die Union ihren Zusammenhalt verdankt, droht augenscheinlich zu zerreißen.

Auch Stimmen von außerhalb prophezeien das Ende Europas. Nicht in sorgenvollem, warnendem oder flehentlichem Tragödienstil, nein, in beißendem, spöttischem, verächtlichem Ton, schadenfroh, provozierend und aggressiv, wobei sich vor allem Peking und Moskau hervortun. Für sie ist der angekündigte Tod Europas kein Trauerspiel, sondern eine Chance, ein Ereignis in einem Epos mit anderen Hauptpersonen. Bei jeder Gelegenheit betonen sie, von »Brüssel« sei in dieser Krise nichts zu sehen, und wer zum Beispiel einen Container Schutzmasken brauche, solle sich besser an China oder Russland wenden: In der Not erkenne man seine wahren Freunde! Der chinesische Botschafter in Paris höhnt, die Angestellten von Altenheimen hätten von einem Tag auf den anderen »massenhaft ihre Posten verlassen und die Bewohner Hunger, Krankheit und Tod ausgesetzt«.[10] Ein Mitglied des russischen Föderationsrats verbreitet die Falschmeldung, die polnische Regierung habe russischen Flugzeugen mit medizinischen Hilfsgütern für Italien das Überflugrecht verweigert.[11] Man spottet über die Uneinigkeit der Europäer, über die Hilflosigkeit der offenen Gesellschaft und präsentiert die Einigkeit und Disziplin des autoritären Staates als verlockende Alternative.

In dieser düsteren Kakophonie fast unbemerkt – und entgegen der allgemeinen Erwartung – geschieht es, dass die Union sich aufrafft, und sogar ziemlich schnell. Einige energische politische Entscheidungen widerlegen den Fatalismus. Bereits am Gründonnerstag, dem 9. April 2020 (drei Tage vor dem päpstlichen Appell im Petersdom), haben die europäischen Finanzminister eine akute Gefahr abgewendet. Und am 18. Mai (drei Tage vor Himmelfahrt) bekräftigen die deutsche Bundeskanzlerin und der französische Präsident ihren Willen zu einer gemeinsamen Zukunft in und als Europa. Als wahre Zeitkünstler machen sie aus dem Moment der Bedrängnis einen Übergang.

Doch was hängen bleibt, besonders in Italien, ist die Erinnerung an das Scheitern in einem Augenblick der Wahrheit. Sie weckt Zweifel an der Fähigkeit Europas, die von der Pandemie verursachten Erschütterungen und wirtschaftlichen Verwerfungen als Einheit zu überstehen, zumal niemand vergessen hat, dass die Union im vergangenen Jahrzehnt mehrfach versagt hat. Jedes Mal wurde das Ende Europas angekündigt, kam aber nie. Wie soll man diese Unsicherheit und Anfälligkeit deuten? Und können die Erfahrungen aus früheren Krisen nicht auch Grund zu Selbstvertrauen geben? Hat sich nicht jedes Mal gezeigt, dass Europa Krisen mit überraschend viel Energie meistern kann?

»Pandämonium« heißt in John Miltons Epos *Das verlorene Paradies* die Hauptstadt der Hölle, in der Dämonen lärmend und brüllend wüten. Eine Pandemie ist kein Pandämonium. Doch in dieser Pandemie tanzen falsche Propheten um das Feuer der Verwirrung, die Wehklagen bedrohter Seelen vermischen sich mit den Schreien von Kranken und den Seufzern der Toten, während Corona-Teufel nach Luft schnappende Körper gegeneinander aufhetzen, Streit über das Einsperren der Gesunden säen und Groll gegen diejenigen schüren, die diesen Abstieg in die Hölle verschuldet haben.

Und doch wirkt diese Heimsuchung wie frühere schwerwiegende Ereignisse läuternd, nicht zuletzt dank des öffentlichen Aufruhrs, den sie in der Union auslöst. Zum pandemischen Tumult gehören nicht nur Zwiespalt und Streit, sondern auch die Überraschung einer gemeinsamen Erfahrung, die Entdeckung, dass mit dem Verlust des Paradieses ein gemeinsames europäisches Haus in der Zeit zu gewinnen ist.

»Und ohne erst um Ruhe uns zu kümmern, / Hinaufgestiegen, er voran, ich folgend, / So lang bis ich ein Stück der schönen Bilder / Des Himmels durch ein rundes Loch erblickte. / Dann traten wir hinaus und sahn die Sterne.«[12]

1. Krisenerfahrungen

Nicht alle starben, doch blieb keiner
ganz verschont.
Jean de La Fontaine, Fabeln[1]

Immer wieder davongekommen

Schon seit mehr als einem Jahrzehnt werden die europäischen
Staaten und Gesellschaften wieder und wieder durch zerrüt-
tende Kräfte auf die Probe gestellt. Unvorbereitet und unge-
schützt setzen sie sich zur Wehr und lernen dabei durch Versuch und Irrtum.

Vier akute Krisen überrumpeln den Zusammenschluss: die
Banken- und Eurokrise (2008-12), die Ukrainekrise (2014/
15), die Migrationskrise (2015/16) und die atlantische Krise
von Brexit & Trump (2016-20). Viermal wirken spaltende
Kräfte auf die geduldig aufgebaute Beschlussfabrik für Markt,
Währung und freien Personenverkehr. Viermal eilen Regierungschefs, Minister, Kommissare und Zentralbankchefs nach
Brüssel, Luxemburg oder Frankfurt zu Beratungen »in letz-
ter Minute« – wodurch sie der Europäischen Union eine
neue Gestalt geben. Und viermal steigt europaweit ein viel-
stimmiges Publikum auf die Bänke, um Pfeifkonzerte anzu-
stimmen oder zu applaudieren, es besetzt Plätze, schwenkt
Fahnen, entdeckt seine Wählermacht wieder und nimmt so
intensiv wie lange nicht Anteil an dem politischen Drama,
das auf der europäischen Bühne aufgeführt wird.

Auf den Wellenkämmen der Krise kündigen Untergangspropheten das Ende der Union an. Die eifrigsten legen sich

dabei sogar zeitlich fest. »In wenigen Monaten« könne die Währungsunion zerfallen, prophezeite Wirtschaftsnobelpreisträger Paul Krugman im Mai 2012; sein Kollege Willem Buiter sprach von »Wochen, vielleicht Tagen«.[2] Im Januar 2016, als wegen des Kontrollverlusts an den Außengrenzen eine europäische Binnengrenze nach der anderen geschlossen wurde, malte Kommissionspräsident Juncker in seiner Neujahrspressekonferenz das Ende des Schengenraums, des Binnenmarktes, des Euro an die Wand. Nachdem die Mehrheit der britischen Wähler im Juni desselben Jahres für den Austritt aus der Union gestimmt hatte – und erst recht, als im November die amerikanischen Wähler Donald Trump zum Präsidenten erkoren hatten –, waren erneut viele überzeugt, dass die Stunde X gekommen sei. Wie Dominosteine würden die Mitgliedstaaten fallen; Brexit, Nexit, Frexit, bis es keine Union mehr geben würde.

Und doch hat die Europäische Union diese vier gewaltigen Krisen überstanden. Auch den Euro gibt es noch. Wie ist das möglich? Immer unterschätzen Beobachter den unsichtbaren Leim, der den Verband zusammenhält. Dieser Leim besteht zunächst aus einer allumfassenden wirtschaftlichen Interessenverflechtung, deren Rahmen 1950 von den Gründern geschaffen wurde und die durch Millionen von grenzüberschreitenden Bewegungen, Initiativen und Transaktionen von Bürgern und Unternehmen Gestalt gewonnen hat. Dieses Flechtwerk zu zerstören wäre teuer (wie die Stimmen des Geldes genau wissen). Doch das ist nicht alles. Kritiker verkennen außerdem jedes Mal den starken, historisch begründeten politischen Willen vor allem Frankreichs und Deutschlands, eine gemeinsame Zukunft als Europa zu bauen. Als es auf Messers Schneide stand, ob Griechenland die Währungsunion würde verlassen müssen, wurde das Land gerettet, nicht um finanzielle Verluste zu vermeiden, sondern um unkalkulierbare, größere politische Gefahren abzuwenden, um die Stabilität in Griechenland selbst und auf dem Balkan, die französisch-deutsche Freundschaft und das Ansehen Europas in der Welt nicht aufs Spiel zu setzen. Als Russland in der Ukraine die kontinentale Staatenordnung bedrohte und sogar ein Passagierflugzeug abgeschossen wurde, nahmen alle Mitgliedstaaten durch Wirtschaftssanktionen verursachte Schäden in Kauf, um den Kreml geschlossen unter Druck zu setzen. Als die Staaten in der Flüchtlingskrise die Kontrolle zu verlieren drohten, war die Union bereit, über den Schatten ihrer Unschuld zu springen und ein Abkommen mit der Türkei zu schließen, das wenigstens die Situation an den südöstlichen Außengrenzen beherrschbar machte. Auch das Signal der britischen Leave-Wähler wurde schließlich verstanden: Die Union, lange wegen der wirtschaftlichen Freiheiten, die sie geschaffen hat, gepriesen oder geschmäht, muss die Bürger unbedingt auch beschützen – ihre Arbeitsplätze, ihr Umfeld, ihr Territorium. Weil sie dies erkannt hat, wurde der elektorale Sturm auf Europa – zuerst in Frankreich und den Niederlanden – vom Frühjahr 2017 an abgewendet. Selbstverständlich sind diese Entschärfungen akuter Krisen keine Garantie für die Zukunft. Es bleiben Narben. Trotzdem lässt die Union unzweifelhaft eine robuste Vitalität erkennen.

Aus der anfänglichen Panik der ersten Corona-Monate wird schnell ein allgemeiner Krisenzustand. Erinnerungen an den Verlauf der zurückliegenden Belastungsproben wecken kein Vertrauen, im Gegenteil, sie sind wie Salz in den Wunden. Denn ist der Mangel an Intensivbetten in Italien nicht die Folge der herzlosen Sparauflagen Brüssels in der Eurokrise? Und wiederholt sich in den Grenzschließungen gegen die Ausbreitung der Pandemie nicht der nationale Egoismus aus der Flüchtlingskrise? Sogar die Brexit-Episode, unmittelbar vor Corona mit dem offiziellen Austritt des Vereinigten Königreichs am 31. Januar 2020 abgeschlossen, schwingt nach: Als Premier Boris Johnson an Covid-19 erkrankt, schreibt die Londoner Regenbogenpresse seine Ansteckung ohne zu zögern den Kontakten seines Teams mit EU-Unterhändler Michel Barnier zu, der ebenfalls durch das Virus aufs Krankenbett geschickt wird. So legen sich die Erfahrungen im Lauf der Zeit aufeinander wie Sedimentschichten.

Die Rhetorik der Erwartung

Dass sich in Europa immer wieder so schnell Panikstimmung ausbreiten kann, liegt in erster Linie daran, dass man die Spannkraft der Union unterschätzt und die Metamorphose außer Acht lässt, die sie gegenwärtig durchläuft. Das erklärt jedoch nicht alles. Von wesentlicher Bedeutung in der Krise ist außerdem die Rhetorik der Hoffnung und Furcht, die in unseren Gesellschaften untrennbar mit dem politischen Handeln verbunden ist.

Rhetorische Dramatisierung kennen wir von den Untergangspropheten, die mit den Ängsten ihres Publikums spielen. Das ist in dieser Pandemie nicht anders als während der Londoner Pest von 1665, als unter anderem astrologische Broschüren über das Ende der Zeiten reißenden Absatz fanden, wie Daniel Defoe in seinem Buch *Die Pest in London* berichtet.[3] Gleichzeitig ist rhetorische Dramatisierung auch ein politisches Instrument, mit dem man öffentliche Unterstützung mobilisieren oder zögernde Akteure zum Handeln nötigen kann. Beherrschte Panik kann die Öffentlichkeit aufscheuchen, wachsam machen oder Gegenspieler unter Druck setzen. Das hatte zum Beispiel im April 2020 der französische Präsident Macron mit seiner dramatisierenden Behauptung gegenüber der *Financial Times* im Sinn, das »europäische Abenteuer« könne scheitern, wenn Deutschland und die Niederlande in der Pandemie nicht schnell ihre Solidarität mit Südeuropa beweisen würden.[4]

Die Erfahrung lehrt, dass wegen der unterschiedlichen Interessen in der Union Warnrufe notwendig sind, damit alle Parteien an einem Strang ziehen. In Europa bringt erst der drohende Untergang der öffentlichen Güter Frieden, Offenheit und Wohlstand – zu normalen Zeiten unsichtbar oder selbstverständlich – die Hauptakteure auf Trab. Im Gegensatz zu *wishful doom prophecy* kündigt Panikrhetorik von Seiten der Regierenden entschlossene Maßnahmen an. Dass die Exekutive erst eine Notlage braucht, offenbart allerdings zugleich eine grundlegende Schwäche der Union: ihre Unfähigkeit, sich im Voraus auf künftige Entwicklungen einzustellen, frühzeitig aktiv zu werden, eine Bedrohung präventiv abzuwenden.

Außerdem muss die Warnung im richtigen Augenblick kommen. In der Eurokrise gab es tatsächlich Momente, in denen nur schnelle, energische Beschlüsse Rettung bringen konnten, wie etwa im Mai 2010. Nüchternes Berechnen ihrer Chancen brachte die Regierungschefs zum Handeln, der Chor der Untergangspropheten verschärfte die Dringlichkeit, während die Öffentlichkeit atemlos dieses scheinbare Angsthasespiel zwischen Märkten und Politik beobachtete und sich fragte, wer wohl zuerst ausweichen würde.

Eine solches Spiel mit der Drohung einer existenziellen Krise ist allerdings riskant. Auch das zeigte sich in der Eurokrise: Formal durfte ein lokal begrenzter Brand in Griechenland nicht gelöscht werden, bevor das Feuer auf ganz Europa überzugreifen drohte. Unterstützung erhielt Athen von 2010 an nicht um der Solidarität willen, sondern – auf Drängen Deutschlands und der Niederlande – nur mit dem Ziel, die

»finanzielle Stabilität« der gesamten Eurozone zu sichern. Dafür sprachen Argumente im Sinne des *moral hazard* (man will vermeiden, dass Akteure ihren eigenen Brandschutz auf die Nachbarn abwälzen), aber es ist auch äußerst gefährlich, weil man eben doch mit dem Feuer spielt. Außerdem ist es kontraintuitiv: Eine Feuerwehr, die ihre Schläuche ostentativ geschlossen hält, beruhigt niemanden.

Selten hat die Dynamik von angsterregenden Bildern und Worten eine so zerstörerische Wirkung entfaltet wie während der britischen Referendumsdebatte des Jahres 2016. Für die Remain-Befürworter steuerte das Land bei einem Austritt geradewegs auf den wirtschaftlichen Abgrund zu, weshalb ihre Kampagne von Gegnern als »Project Fear« verächtlich gemacht wurde. Auch das Leave-Lager griff zum Mittel der Angstmacherei: Nach Darstellung von Johnson & Farage konnte Brüssel – so kurz nach der Flüchtlingskrise – jeden Moment ein Heer von Vergewaltigern und Terroristen in Richtung der englischen Küsten schicken.

Der Angstwettlauf erschreckte sogar *Harry-Potter*-Autorin J. K. Rowling: »Ich bin in vielen Dingen keine Expertin, aber ich weiß schon, wie man ein Monster erschafft«, schrieb sie kurz vor dem Referendum. Natürlich bedienten beide Parteien den menschlichen Wunsch, »der Welt durch das Erzählen von Geschichten Sinn zu verleihen«, doch in diesem Fall »schrecken sie nicht davor zurück, Monster heraufzubeschwören, um unsere tiefsten Ängste zu schüren«. Besser als jeder andere wusste die Schriftstellerin, dass die »ziemlich hässlichen« Brexit-Monster, sobald sie dem Reich der Einbildung einmal entflohen waren, ein Eigenleben führen würden.[5]

Bis die Leave-Entscheidung Anfang 2020 endlich umgesetzt wurde, hatte die Handlung allerdings so viele Wendungen genommen, dass die Öffentlichkeit nicht mehr beurteilen konnte, wessen Angstszenarien von 2016 begründet oder übertrieben waren. Wie anders ist es in der Pandemie! Zukunftserwartung und pandemische Entwicklung gehören hier und jetzt untrennbar zusammen. Das Virus, ein kleines Monster, begann sein heimtückisches Werk schon, bevor es so richtig in Szene gesetzt wurde. Makabre Bilder aus Krankenhäusern und Krematorien, pechschwarze Ungewissheit, ein ordentlicher Schuss Panik, und schon lag vor unseren Augen eine riesige Bühne, auf der unterschiedliche Akteure mit Monstergeschichten, Untergangsszenarien, Zwangsmaßnahmen, Hokuspokusstatistiken, Verschwörungstheorien und Impfstoffhoffnungen um die Gunst des bestürzten Publikums kämpfen konnten.

Schmal ist in dieser Situation der Grat zwischen falschem Alarm und der Erhaltung des Vertrauens, schmal auch der Grat zwischen Untergangsprophetie und angemessener Vorsicht. Politisches Spektakel ist somit garantiert.

Wenn sich der Vorhang hebt

Hat mit Corona ein neues Zeitalter begonnen?

Pointiert sprach der *New-York-Times*-Kolumnist Thomas Friedman im März 2020 von einer historischen Wasserscheide zwischen der Welt *BC* und *AC*: *before Corona* und *after Corona*.[6] Das Jahr von Covid-19 als das neue Jahr null.

Wir, denen noch schwindelig ist und die wir nach Luft ringen, können die welthistorische Bedeutung der uns überfallenden Ereignisse nicht sofort einschätzen. Deshalb beginnt Hegels Eule der Minerva erst mit der einbrechenden Dämmerung ihren Flug. Die Pandemie von 2020 bringt eine Zäsur, einen Einschnitt in der Zeit, so viel ist klar, aber wie »historisch« ist der Bruch zwischen davor und danach?

Ein Maßstab ist natürlich die Wirkung von Ereignissen. So hatte zum Beispiel das finanzielle Erdbeben vom 15. September 2008 unmittelbar erhebliche Folgen, leitete eine katastrophale weltweite Wirtschaftskrise ein, entschied die amerikanische Präsidentschaftswahl (die Barack Obama gewann) und ging in Europa in die Eurokrise über. Dennoch wurde uns erst im Nachhinein bewusst, dass »Lehman Brothers« viel bedeutendere Konsequenzen hatte, als wir im Moment des Schocks absehen konnten. Die Krise nahm vielen amerikanischen Wählern ihre Illusionen in Sachen Globalisierung, sie stärkte das Selbstvertrauen Chinas, das jeglichen Respekt vor der politischen Stärke und wirtschaftlichen Ingeniosität des Westens verlor, und schuf die Voraussetzungen für die Wahl Donald Trumps zum Präsidenten – acht Jahre später. Im Laufe der Zeit wurde dieses Ereignis also immer größer. Wie es der Pandemie ergeht, ob sie den Status einer Epochenschwelle erobern oder in der Erinnerung der Öffentlichkeit rasch kleiner werden wird, werden spätere Historiker genauer wissen. Doch die Reichweite der Ereignisse, die Radikalität der Reaktionen, die Geschwindigkeit der Ausbreitung, die Tatsache, dass die ganze Welt betroffen ist und dass es zu gewaltigen Verschiebungen im politischen Kraftfeld kommt, all dies ist mehr als genug Anlass, das Pandämonium zu durchleuchten und zu deuten.

Ereignisse zerschneiden die Zeit nicht nur in ein Davor und Danach, sie sagen auch etwas über das Jetzt. Gerade darin ist die Corona-Pandemie besonders gut, was scharfsinnige Beobachter von Anfang an feststellten.[7] Verborgene Schwächen kommen ans Licht, langsame Trends lassen sich im gegenwärtigen Moment einfangen. Man sieht im Detail, wo das Virus – bösartigerweise – vor allem die Schwächsten in einen Kampf auf Leben und Tod zwingt. Man sieht das auch im Großen, bei Organisationen, Unternehmen oder Ländern, die infolge der Reaktionen auf die Gesundheitsgefahr in Bedrängnis geraten. Auf der Weltbühne ist das Virus ebenfalls der große Enthüller. Das Engagement der Vereinigten Staaten nimmt schlagartig ab, die Hegemonie Chinas ist spürbar, und Europa wird gezwungen, seine geopolitische Position neu zu definieren.

Es ist einfach zu behaupten, Corona sei ein »großer Enthüller«. Schwieriger ist es zu bestimmen, welche Veränderungen bleiben werden, welche Verschiebungen einen entscheidenden Impuls erhalten, zu welchen Neuerungen es ohne die Pandemie nicht gekommen wäre. Dennoch wird in diesem Essay versucht, all diese Veränderungen zu deuten. Gerade indem wir die Folgen der Pandemie abwägen, vertiefen wir unser Verständnis des einzigartigen europäischen Theaters mit seinen Rollenwechseln und überraschenden Wendungen.

Wie ein Vergrößerungsglas macht die Krise die Stärke und Schwäche der europäischen Politik sichtbar, die Stimmungen, Motive, Kräfte, Formen und Zeitschichten in der Union. In der Politik geht es im Wesentlichen um den kollektiven Umgang mit Kontingenz, mit dem Möglichen und Zufälligen, um die Art und Weise, wie man sich als Gemeinschaft den Wechselfällen des Schicksals stellt. Deshalb offenbart gerade eine Krise, wie ein System reagiert, wozu es fähig ist, wer vorangeht, welcher Führungsstil die Öffentlichkeit überzeugt, wo es Konfliktstoff und Gegenkräfte gibt, wie eine Gemeinschaft sich im Laufe der Zeit eine Form gibt. Wir sehen die faszinierende Dynamik – mit zahlreichen Variationen und Mustern – der Covid-Krise im eigenen Land, bei den europäischen Nachbarn, in den Vereinigten Staaten, Brasilien und China. In der Europäischen Union, einem Verbund von siebenundzwanzig Demokratien, ist das Bild nicht anders: Führung muss improvisiert werden, Gegensätze prallen aufeinander, die beunruhigte Öffentlichkeit meldet sich zu Wort. Bei allem Leiden und Streit hat die Krise den Europäern mehr als irgendetwas zuvor die Erfahrung eines gemeinsamen politischen Strebens beschert, das Bewusstsein einer europäischen *res publica*.

Deshalb kann man sagen, dass Corona nicht nur verborgene Tendenzen aufdeckt, sondern sie auch verstärkt, und mit ihnen den Übergang zu einer neuen europäischen Politik. Als jüngste in einer ganzen Reihe von Krisen zwingt sie Europa, auf dem Weg in Richtung einer Schicksalsgemeinschaft voranzuschreiten, die auf Ereignisse als Einheit reagiert. Schon im riskanten Spiel um den Euro und die Außengrenzen haben Drama und Konflikt die öffentliche Bühne gesucht, unabhängig von verfestigten Denkmustern. In dieser Sphäre der Öffentlichkeit treibt die Pandemie die Metamorphose der europäischen Politik voran, beschleunigt sie und macht sie so notwendig wie nie zuvor. Es ist ein neues Kapitel im Übergang vom Kontinent zur Union.

Der politische Körper

Die Corona-Pandemie, die jüngste Heimsuchung, stellt die Europäische Union vor ganz spezifische Schwierigkeiten. Nie zuvor hatte die Gefahr die Gestalt einer unmittelbaren physischen Bedrohung für die Körper aller Bürger ohne Unterschied. Etwas völlig anderes als die Risiken steigender Zinsen oder fallender Börsenkurse, etwas anderes auch als die gewiss dramatischen, aber für die meisten vor allem fernen Scharmützel an den Außengrenzen.

Kein Wunder also, dass die Panik in dieser Krise so schnell und weit um sich gegriffen hat. Denn neben der üblichen Unterschätzung der Union und dem wiederholten Einsatz kontrollierter Panik als politisches Instrument spielte natürlich noch etwas anderes, Naheliegendes eine Rolle: Es war eine katastrophale Situation mit ungewisser Entwicklung, in einer Angelegenheit von Leben und Tod, auf die zunächst niemand eine Antwort hatte.

Besonders die Europäische Union nicht. Sie muss in dieser Krise die Fixierung auf wirtschaftliche Aspekte und individuelle Freiheit zugunsten von physischem Schutz überwinden. In der räumlichen Dimension muss sie sogar entgegen ihrem Selbstverständnis handeln. Die Parole lautet nicht mehr: Grenzen öffnen, um freie Bewegung auf dem Kontinent zu gewährleisten; Rettung bringt nun das Errichten von Barrieren und das Abstandhalten um der Gesundheit aller Bürger willen. Außerdem erfordert es die Krise, dass die Union nicht mehr nur auf der Grundlage von gesichertem Expertenwissen handelt, sondern sich improvisierend auf unbekanntes Terrain begibt.

Kein vernünftiger Mensch bezweifelt, dass die Pandemie in medizinischer und wirtschaftlicher Hinsicht einzigartige Schwierigkeiten verursacht hat. Ist dennoch Enttäuschung oder gar Verbitterung wegen der europäischen Reaktion gerechtfertigt?

Mit einigem guten Willen kann man das inadäquate Vorgehen Europas gegen die Ausbreitung der Pandemie in dreifacher Hinsicht relativieren. Erstens haben so gut wie alle Staaten zunächst langsam und zögerlich auf Covid-19 reagiert. Im Vergleich zum schnellen Handeln Südkoreas oder Japans, die bereits früher mit ähnlichen Epidemien zu tun hatten, haben die EU-Institutionen in Brüssel und die nationalen Regierungen in Rom, Paris, Den Haag oder Stockholm keine allzu gute Figur gemacht. Doch es gab 2020 auch Länder wie etwa die Vereinigten Staaten oder Brasilien, die im Zuge der Krise wesentlich hilfloser wirkten.

Zweitens: In allen Staaten mit föderaler Ordnung treten Spannungen zwischen dem Zentrum und den Teilgebieten auf. In den Vereinigten Staaten stritt das Weiße Haus mit den Gouverneuren der Bundesstaaten. In Deutschland trafen die Länder jeweils eigene Entscheidungen in Sachen Lockdown oder Maskenpflicht. Im Vereinigten Königreich optierten Schottland, Wales und Nordirland für eine schnellere Öffnung als England mit der Hauptstadt London. So gesehen ist es nicht verwunderlich, dass in der Europäischen Union, einem politischen Körper mit schwachem Zentrum, die einzelnen Mitgliedstaaten unterschiedliche Maßnahmen ergriffen haben.

Und es gibt noch eine dritte, in Brüsseler Kreisen vorgebrachte Entschuldigung: Im Gesundheitswesen hat die Union keine Kompetenzen. Formal ist das richtig, dennoch hat das Argument die Öffentlichkeit nicht im Geringsten beeindruckt. Gemäß dem Unionsvertrag sind die Mitgliedstaaten für die Gesundheit ihrer Bürger verantwortlich; die Union beschränkt sich auf Maßnahmen »zur Unterstützung, Koordinierung oder Ergänzung der Maßnahmen der Mitgliedstaaten« (Art. 6 EUV). Beim Gesundheitsschutz kämpfen die Brüsseler Institutionen also nicht in der vordersten Linie, anders als bei der Euro- und Flüchtlingskrise. Die Gemeinschaftswährung und die offenen Binnengrenzen gehören nun einmal praktisch und symbolisch zu den größten Errungenschaften der Union, und sie besitzt auch die Kompetenzen zu deren Verteidigung. Für die Dramen in den Krankenhäusern dagegen kann man die Union streng genommen nicht verantwortlich machen. Warum geschieht es trotzdem?

Möglicherweise stoßen wir hier auf die Nachwirkungen früherer Notlagen. In diesen Krisen hatte die Union jedes Mal die Hauptrolle inne, und die Coronakrise war offensichtlich erneut eine solche Probe, nur viel schwerer, weil die Bedrohung *alle* Bürger *physisch* betraf und von allen Seiten kam. Der weltweite Lockdown, der individuelle Versuche der Selbsthilfe zwecklos machte, die geomedizinische Teile- und-herrsche-Politik Chinas und der Vereinigten Staaten mit ihrem Impfstoffwettlauf, all das ließ von Anfang an erkennen, dass »Europa« etwas tun musste, und zwar die Gesamtheit der Mitgliedstaaten, da nur sie die für wirksames Handeln notwendige politische Stärke besaß.

Unwissenheit, aber auch unterschiedliche historisch bedingte Wahrnehmungsweisen und Erwartungen an »Europa« führen dazu, dass eine wohlwollende Grundeinstellung gegenüber der Europäischen Union oft und nur allzu leicht in unvernünftige Enttäuschung oder ungerechtfertigte Kritik umschlägt. So klagte zum Beispiel die polnische Schriftstellerin Olga Tokarczuk Ende März in der *Frankfurter Allgemeinen Zeitung*: »Die Europäische Union hat im Grunde kapituliert und es den Nationalstaaten überlassen, in dieser Krisenzeit Entscheidungen zu fällen.«[8] Mit dieser Einschätzung lag die Literaturnobelpreisträgerin jedoch weit daneben, schließlich kommt in der Union bekanntlich ohne Mitwirkung der Staaten kein Beschluss oder Gesetz zustande. Und der angesehene britische Journalist Simon Jenkins schrieb im *Guardian*, ganz so, als hätte er hier eine Entdeckung gemacht: »Die Coronakrise hat die Wahrheit über die EU aufgedeckt: Sie ist keine echte Union.«[9] Nach den angeführten Beispielen zu urteilen, meinte er mit einer »echten« Union einen Bundesstaat wie die Vereinigten Staaten oder ein Königreich wie Großbritannien – die beide doch etwas grundsätzlich anderes sind. Noch schonungsloser ging der *Spiegel*-Kolumnist Nils Minkmar mit der Union ins Gericht: »Das Europa, wie es diese Kommission vertritt, das kann nicht nur weg – es hat sich selbst verkrümelt, zu Roststaub zerfallen, als man sich einmal daran festhalten wollte.«[10] Unzufriedenheit, Untergangserwartungen und Misstrauen werden zu Waffen in den Händen geistig bequemer Verallgemeinerer.

Sinnvolle Kritik beginnt mit der Unterscheidung zwischen der Brüsseler Welt der Verträge und Institutionen und der Union als Gesamtheit der Mitgliedstaaten; anders ausgedrückt – und hier greife ich in den Werkzeugkasten meines Buches *Vom Kontinent zur Union* –, zwischen der institutionellen »Innensphäre« und der »Zwischensphäre«, die auch einzelstaatliche politische Institutionen umfasst.[11] Die Interaktion zwischen diesen beiden Sphären bestimmt, wie Europa ein einschneidendes Ereignis bewältigt, also auch, ob ihm das überhaupt gelingt. Wenn »Europa« den Mangel an Schutzmasken in Italien verschuldet hat, wen trifft dann dieser Vorwurf? Die Kommission, die es versäumt hat, Reserven anzulegen? Oder die anderen Mitgliedstaaten, wie Deutschland und Frankreich, die schneller hätten helfen müssen? Ein wesentlicher Unterschied. Oder hätte die Kommission die Mitgliedstaaten *zwingen* sollen, Italien zu unterstützen? Dies würde allerdings andere institutionelle Verhältnisse und Kompetenzen voraussetzen, also einen anderen Vertrag; der Vorwurf träfe demnach nicht den einen oder anderen Akteur, sondern die konstitutionelle Form der Union: Europa ist nicht das, was es eigentlich sein müsste.

Hier kommen wir zum Kern des Problems. Die Coronakrise macht plötzlich eine Kluft zwischen bestehendem Recht und geforderter Verantwortung sichtbar. In einem solchen Moment ist es Aufgabe der Politik, schöpferisch Brücken zu bauen, Reformen zustande zu bringen. Ein Ereignis wie dieses zwingt die Union, eine Form anzunehmen, die sie bisher nicht hatte. Die Öffentlichkeit ruft laut und deutlich: »Diese Katastrophe ist eine öffentliche Angelegenheit, die *alle* Europäer betrifft.« Der anschwellende Hilferuf überstimmt die üblichen Gegenstimmen derer, die jede Brüsseler Initiative als unerwünschte Einmischung in nationale Angelegenheiten abpfeifen wollen. Als Dynamik in Gang setzender Appell geht der Hilferuf einer vertragsmäßigen Neuzuteilung von Kompetenzen voraus. Sich auf den juristischen Status quo (»keine Kompetenz«) zu berufen, ist deshalb keine überzeugende Verteidigung gegen den Vorwurf der Tatenlosigkeit.

So schärft die Pandemie noch stärker als frühere europäische Krisen das Bewusstsein für die *res publica*. Die Öffentlichkeit erkennt: Ja, wir haben eine gemeinsame Währung, gemeinsame Außengrenzen, aber es ist unsere Gesundheit, unser Leben, die uns wirklich angehen. Sehr genau verfolgen wir die Covid-Entwicklungen im eigenen Land und bei den Nachbarn – die Zahl der Todesfälle, die Lockdown-Regeln, die Maskenpflichtbestimmungen. Wir sehen deutlich, welche Auswirkungen Maßnahmen in anderen Ländern auf unser eigenes Leben haben – auf die Wahrscheinlichkeit einer Ansteckung, auf Reisemöglichkeiten, auf wirtschaftliche Aussichten. So entbrennt eine heftige unionsweite Debatte über eine gemeinsame Reaktion. Der Streit um die richtigen Worte und Taten entspringt dem unmittelbaren Betroffensein von der gemeinsam erlebten Pandemie.

Der öffentlichen Angelegenheit eine Form zu geben, ist Aufgabe der Politik, und hier bietet sich, wie wir sehen werden, auch ein Maßstab für das Handeln der Union. So bewirkt die Pandemie, die alle Bürger physisch bedroht, dass die Union sich mehr als je zuvor als *politischer Körper* wahrnimmt und dass eine neue Öffentlichkeit Gestalt gewinnt.

2. Metamorphose: Eine andere Geschichte der Union

Jede wahre Geschichte [ist]
Geschichte der Gegenwart.
Benedetto Croce[1]

Regelpolitik und Ereignispolitik

Das Gefühl, dass die Europäische Union beim geringsten Anlass dem Abgrund gefährlich nahe kommt, hängt mit der Metamorphose zusammen, die sie in den vergangenen Jahrzehnten durchgemacht hat und weiterhin durchmacht: von einem allein auf »Regelpolitik« ausgerichteten Gefüge zu einem System, das in der Lage ist, *auch* »Ereignispolitik« zu betreiben. Doch diese allmähliche Umwälzung wird kaum verstanden. Wir können das neue Europa nicht begreifen, solange wir es durch die Brille des alten betrachten.

Dass sich vor unseren Augen eine Umwälzung vollzieht, ist die Hauptthese dieses Buches. In den zurückliegenden dreißig Jahren hat sich nicht nur die Arbeitsweise der Union grundlegend verändert – wer die Entscheidungen trifft und wo sie getroffen werden –, sondern auch die Wahrnehmung der Union – wie Bürger die europäische Politik sehen, weshalb sie heute mehr denn je unmittelbaren Einfluss im gemeinsamen politischen Leben fordern. Es ist ein Prozess mit langsamen Trends, Verschiebungen in den Kräfteverhältnissen und plötzlichen Stimmungswechseln. All diese Veränderungen werden beschleunigt, teilweise auch erst sichtbar gemacht durch den Schock der Pandemie. Angesichts des Handlungsdrucks in der Coronakrise ist eine vorläufige Analyse notwendig: Was geschieht, was hat sich verändert?

Von ihren Anfängen an sind die Institutionen der Union primär darauf ausgerichtet, einen Markt zu schaffen und im Gleichgewicht zu halten. Diese Regelpolitik ist ein raffinierter Mechanismus, der Konsens und eine tragfähige gemeinsame Basis hervorbringt, jedoch nur *innerhalb* eines Systems funktioniert, auf das sich alle geeinigt haben, und außerdem nur dank der Fiktion, die Geschichte folge vorhersehbaren Linien. Bei der Ereignispolitik hingegen geht es darum, unerwartete, nicht vorhergesehene Situationen in den Griff zu bekommen. Politisches Handeln dieser Art spielt sich nicht innerhalb eines vorgegebenen Rahmens ab, sondern vielmehr in den Momenten, in denen dieser Rahmen als solcher auf die Probe gestellt wird, im Extremfall durch einen Krieg oder eine andere Katastrophe. Im Jahr 2008 war es die Kreditkrise, als die Wirtschaft nicht mehr gewillt war, sich an die Modelle von Sachverständigenräten zu halten. Eine Antwort auf eine unvorhergesehene Situation kann die Schaffung neuer Regeln sein (dann sehen wir eine Wechselwirkung zwischen Regel- und Ereignispolitik), doch eine akute politische Krise erfordert außergewöhnliche Entscheidungen (und darauf ist Regelpolitik nicht eingestellt).

Regelpolitik braucht Politiker, die von ihrem Temperament und Wissen her für das Gleichgewichtsspiel geeignet sind. Weil die Öffentlichkeit Solidität und Zuverlässigkeit schätzt, ist in unseren Demokratien oft kein Unterschied zwischen Politikern und Beamten oder Experten erkennbar. Für Ereignispolitik braucht es dagegen Politiker, die improvisieren können. Wesentlich ist dabei, die Unterstützung des Parlaments und der Öffentlichkeit zu gewinnen, indem man auf überzeugende Weise darlegt, warum eine bestimmte Entscheidung *jetzt* notwendig ist. Autorität verschaffen sich Regierende, die im richtigen Moment Überzeugungskraft, Mut und Entschlossenheit erkennen lassen.

Für welche Politik sich das Europa der Nachkriegszeit entschieden hat, ist offensichtlich: Regelpolitik im Dienst von Wiederaufbau und Stabilität; darauf setzen von 1950 an sechs Staaten. Es ist nicht die Zeit für Ereignispolitik, denn vor Störungen der Ordnung sucht Westeuropa Schutz unter dem amerikanischen Schirm. Die Brüsseler Arbeits- und Denkweisen sind darauf ausgerichtet, politische Leidenschaften mit einem Netz aus Regeln zu bändigen, also auf *Entpolitisierung*. Politische Konflikte mit all ihrer dramatischen Potenz werden in überschaubare »Probleme« umgeformt, die technisch lösbar sind. In der Regelfabrik lassen sich gegensätzliche Interessen und divergente Sichtweisen in einem wundersamen Verfahren des Konsultierens und Ausbalancierens, des Tauschens und des Schmiedens von Kompromissen umarbeiten, bis das System daraus schließlich allgemeinverbindliche Regeln und Normen fabriziert, einen Binnenmarkt mit politischer Koordination, der nicht weniger als fast einen ganzen Kontinent umspannt.

Und doch können sich die Vorteile der Regelpolitik in ihr Gegenteil verkehren. Permanentes Ausbalancieren kann in Stagnation und Halbherzigkeit umschlagen; ebenso kann prozedurale Sorgfalt zu Bürokratismus und zum Verlust der Verbindung mit der Öffentlichkeit führen. Eine dritte Schwäche ist offensichtlicher: Die Regelfabrik ist nicht auf plötzliche und heftige Widrigkeiten vorbereitet, darauf, dass Grenzen und Rahmen überschritten werden. Deshalb sprengen gerade solche Krisenmomente das Regelkorsett, und deshalb konnte sich allmählich eine neue europäische Politik entwickeln: die Ereignispolitik. Eine Metamorphose wider Willen.

Der Faktor *Zeit* macht den Unterschied zwischen Ereignis- und Regelpolitik am deutlichsten sichtbar. Denn was tun, wenn ein Euroland vor dem Bankrott steht und innerhalb von zweiundsiebzig Stunden in Telefonkonferenzen und Krisensitzungen der gigantische Betrag von 750 Milliarden Euro aufgebracht werden muss, um die Märkte zu beruhigen? Was tun, wenn Hunderttausende Flüchtlinge in orangefarbenen Schwimmwesten das Mittelmeer überqueren, Zehntausende sich auf den Weg über den Balkan machen und die Staaten die Kontrolle über die Grenzen verlieren? Und was, wenn wegen der Ausbreitung eines Virus von einem auf den anderen Tag Hunderttausenden von Unternehmen das Aus und Millionen Menschen der Verlust ihrer Arbeitsplätze droht, sofern die Politik nicht unverzüglich mit Geld aus der Staatskasse einspringt?

In solchen Notsituationen zählt der Zwang zu tatkräftigem Handeln mehr als die amtliche Vorliebe für Sorgfalt und Geduld. Das sind Augenblicke, in denen statt endlosen Regulierens schnelle Entscheidungen und Taten erforderlich sind; es bleibt keine Zeit für Abstimmung und Ausgleich, für monatelanges Einbeziehen der Öffentlichkeit mittels Grünbüchern und Weißbüchern, für Aufschub bis nach einer Wahl oder für passives Abwarten, bis das Problem von selbst verschwindet. Dann muss improvisiert, muss zwischen Recht und historischer Notwendigkeit laviert werden, weil Abwarten und Nichtstun unverantwortlich wären. Seit Europa mehr ist als nur ein Markt, dessen Regeln sich geduldig aushandeln lassen, seit es sich als Union auch mit Währung, Grenzen und internationaler Politik befasst, sind solche von Zeitdruck geprägten Krisensituationen unvermeidlich.

Bei den großen Krisen seit 2008 ging es nicht um Ziegenkäse, Rasenmäher oder Getreidepreise – die Themen des Gemeinsamen Marktes –, nein, es ging um Milliarden Euro und Solidarität, um Krieg und Frieden, um Identität und Souveränität, um Leben und Tod. Sensible, emotionale Themen, die großes öffentliches Interesse weckten und sich nicht mit technokratischem oder prozeduralem Geschick entpolitisieren ließen. Die öffentliche Aufregung dieser Krisenjahre stand in krassem Gegensatz zum stillen Gelangweiltsein in der Glanzzeit der Regelpolitik. Gewiss, damals spottete man gern über den amtlichen Drang zur Salatgurkenregulierung, ärgerte sich über Papierkrieg oder unbegreifliche Verbote; hin und wieder sorgten einzelne Gruppen, die von bestimmten Maßnahmen unmittelbar betroffen waren (Bauern, Fischer), für Unordnung auf den Straßen nach Brüssel. Dennoch akzeptierte die Mehrheit der Wähler das Europa des Marktes schulterzuckend, solange es für Arbeitsplätze sorgte und den Wohlstand vergrößerte. »Permissiver Konsens« nannten Politologen diese nachgiebige Gleichgültigkeit.

Doch wenn Gefahr droht, wachsen auch die Spannungen. Und damit kommt, nach der tickenden Uhr, der zweite auffällige Unterschied zwischen Regel- und Ereignispolitik ins Bild: die Anteilnahme der *Öffentlichkeit*.

Denn wie anders erleben die Menschen die kontinentalen Krisen! Verschwunden sind die alten Leiden Langeweile und Überdruss. Während der Euro- und der Flüchtlingskrise waren die neuesten Wendungen im unionsweiten Drama das erste Thema in allen Fernsehnachrichten und auf den Titelseiten der großen Zeitungen, Tag für Tag. Von Athen bis Madrid und Rom füllten sich die Plätze mit rebellischen Demonstranten. Wähler entdeckten die Wahlurne als Mittel zur Bestrafung nationaler Politiker für ihr öffentliches *europäisches* Handeln. Bis dahin eher unbedeutende Protestparteien wurden – dank einer verbreiteten Unzufriedenheit mit der Währungs- bzw. Migrationspolitik – zu ernst zu nehmenden politischen Kräften. Die Entscheidung der Briten zwischen Austritt oder Verbleib hielt das Land selbst und seine Nachbarn jahrelang in Atem: Leave oder Remain, Aufschub oder harter Schnitt? Und während der Pandemie beobachtete die gesamte Öffentlichkeit einen diplomatischen Tanz, bei dem es um Hunderte von Milliarden für einen Aufbauplan ging, erneut ein Moment der Wahrheit. Bei all diesen Ereignissen sind sämtliche Bürger der Union angesprochen, ist Europa Gegenstand eines vor aller Augen ausgetragenen Kampfes: eine öffentliche Angelegenheit.

Vom Zeit- und Öffentlichkeitsdruck kommen wir zum dritten großen Unterschied zwischen Regel- und Ereignispolitik: den *Akteuren*. Rasche und umstrittene Entscheidungen in Krisenzeigen erfordern *politische* Autorität, sichtbare Überzeugungskraft. Wenn die Wogen hochgehen, reicht die in Brüssel vorhandene amtliche und bürokratische Autorität nicht aus, und das gilt auch für die im gleichen Stil arbeitenden Kommissare, Parlamentarier und Fachminister, die mit dafür sorgen, dass die Regelmaschine im Alltag funktioniert. Bei der Ereignispolitik betreten andere politische Akteure die Bühne: siebenundzwanzig *gewählte* Präsidenten und Regierungschefs. Während der Eurokrise sind es die versammelten Regierungschefs, die von 2010 an unter Führung der deutschen Bundeskanzlerin und des französischen Präsidenten die zahlreichen Krisenentscheidungen vor den nationalen Tribünen verteidigen und so – im Zusammenspiel mit den Zentralbankern in Frankfurt – die bedrohte Währung retten. Es ist eine bedeutende Wende weg von der alten Regelpolitik, bei der die Staats- und Regierungschefs ganz bewusst ausgeschlossen waren. Auch mit neuen Exekutivorganen, geänderten Abstimmungsregeln und ständigen Präsidentschaften stellt sich die Union auf eine Welt ein, in der Flexibilität und Handlungsfähigkeit ebenso erforderlich sind wie politisch Handelnde, die der Öffentlichkeit verantwortlich sind. So vollendet sich die Metamorphose Europas, beschleunigt durch

Zeitdruck und die Erwartungen der Öffentlichkeit, auf dem Gebiet der Institutionen und des Personals.

Es ist eine berechtigte Frage, ob die Ereignispolitik nicht eine verkappte Politik des permanenten Ausnahmezustandes darstellt. Vor allem bei der Coronakrise, bei der im Unterschied zu früheren Krisen alle Bürger physisch bedroht sind, ist dieses Risiko offensichtlich.

Letztlich kommt es darauf an, die Extreme zu vermeiden. Auf der einen Seite sagen sich die Juristen – übrigens mit Martin Luther[2] –: »Fiat iustitia, et pereat mundus«, »Es geschehe Gerechtigkeit, und gehe die Welt darüber zugrunde«.[3] Auf der anderen Seite handeln die Politiker in der Pandemiekrise gemäß ihrem Wahlspruch »Not kennt kein Gebot«.

Kaum jemals gibt es nur Schwarz und Weiß. Die an einen festen Rahmen gebundene Regelpolitik und die Unvorhergesehenes parierende Ereignispolitik bewegen sich auf einer Skala von Grautönen.[4] Beide sind notwendig. Mit Regeln sorgt die Politik für hohe Erwartungssicherheit, die für unsere Art von Gesellschaften unentbehrlich ist. Doch eine unerwartete Situation richtet sich nicht nach bestehenden Regeln. Immer können unkontrollierte Ereignisse, unbeabsichtigte Folgen oder neue Bedürfnisse durch irgendeinen kleinen Spalt in die geschützte Welt der Regeln eindringen und Entscheidungen, entschlossenes Handeln und Überzeugungskraft notwendig machen. Was sich dann vollzieht, ist der Übergang von *governance* zu *government*, von einem anonymen Verwaltungsapparat mit zahlreichen Ebenen zu einer Regierung mit deutlich sichtbarer Autorität, von amtlicher oder juristischer *Zuständigkeit* zu politischer *Verantwortlichkeit*.

Drei historische Momente waren entscheidend für den Übergang von der Brüsseler Regelfabrik zur europäischen Schicksalsgemeinschaft: die Gründung nach 1945, die Neugründung nach 1989 und die Krisen ab 2008.[5] Drei historische Situationen, in denen die europäischen Staaten ihre Position in der Zeit erneut bestimmen mussten – ohne Rücksicht auf althergebrachte Gewohnheiten und Denkmuster, die einem neuen Selbstbild im Weg standen.

Zu einem besseren Verständnis geschichtlicher Prozesse kann einem der Historiker Reinhart Koselleck mit seinem Begriff der »Zeitschichten« verhelfen. Ihrem geologischen Vorbild entsprechend verweisen sie auf »mehrere Zeitebenen verschiedener Dauer und unterschiedlicher Herkunft, die dennoch gleichzeitig vorhanden und wirksam sind«. So lassen sich gemäß Koselleck alle »Konflikte, Kompromisse und Konsensbildungen […] zeittheoretisch auf Spannungen und Bruchlinien« zwischen verschiedenen Zeitschichten zurückführen.[6]

Für das politische Europa sind die Gründerjahre eine solche fundamentale Zeitschicht, die in Sprache und Mentalität weiterwirkt, am deutlichsten sichtbar im Prinzip der juristischen und ökonomischen Entpolitisierung. Mit dieser Herangehensweise lenkten die Gründer das für Europa fatale Übermaß an politischer Leidenschaft nach 1945 in sicherere Bahnen. Die Inflexibilität, Langsamkeit und Langweiligkeit eines Beamtenapparats zur Vorbeugung gegen Kriege – eine brillante Idee. Die Strategien, die dazu dienen sollten, Konflikte zu entschärfen und zu überspielen, haben sich als wirksam erwiesen.[7] Doch dieses Herangehen hatte einen Preis: einen stetigen Verlust an politischer und öffentlicher Überzeugungskraft. In Sachen Europa hatten von da an die Ökonomen, die Juristen und die Europa-Ideologen das Wort; sie wandten sich nicht an Bürger, sondern an Interessengruppen. Mit ihrem Jargon, ihren Abkürzungen und ihrer Selbstbeweihräucherung trieben sie sogar den interessierten Teil der Öffentlichkeit zur Verzweiflung. Bedauerlich, denn die Metamorphose von Regelpolitik zu Ereignispolitik erfordert nicht nur praktische Handlungsfähigkeit, sondern auch offene Kommunikation mit der gesamten Öffentlichkeit. Erklärung, Streit, Gedankenaustausch, Rechtfertigung – in unserer Zeit wollen die Wähler hören, sehen und mitreden!

Weniger beachtet, aber mindestens ebenso bedeutend ist die Zeitperspektive der Gründer für Europa. Sie versprachen ein neues Zeitalter und »nie wieder Krieg«. Europa als *Verheißung*. Der Schlüssel zu dieser verheißungsvollen Zukunft ist Jean Monnets Grundüberzeugung, wirtschaftliche Interessenverflechtung mache jede Kriegführung materiell unmöglich, und ein dazugehöriges institutionelles Rezept, die »Gemeinschaftsmethode«. So bekam die Brüsseler Entpolitisierungsmaschine neben der Produktion von Regeln eine weitere Kernaufgabe: die Beeinflussung der öffentlichen Debatte, eine Missionierung, bei der die rhetorische Urkraft der Verheißung optimal genutzt wurde.

Die Verheißung eines neuen Zeitalters hat eine bedeutende Folge: Man verweist ständig auf die Zukunft. Die Brüsseler Behördenwelt lebt gewissermaßen auf Kredit. Nur so bleibt die Verbindungslinie zwischen den bescheidenen Anfängen und dem grandiosen Endziel intakt. Gern wird vom »europäischen Projekt« gesprochen, einem zukunftsorientierten Unternehmen. Die Gründer ergänzten die Verheißung um zwei langfristige Perspektiven. Die eine ist die geografische *Erweiterung*: mehr Staaten als Mitglieder, vielleicht einmal der gesamte Kontinent. Die andere ist die *Vergemeinschaftung*: auf den Politikfeldern Montanindustrie, Landwirtschaft und Handel neue Regeln einführen und sie auf Nachbarfelder übertragen. Weil man ständig auf die Zukunft verweist, neigt man in Brüssel dazu, jedes »nicht« in »noch nicht« zu übersetzen. Bestimmte Zuständigkeiten sind *noch* nicht übertragen worden, das Parlament hat es *noch* nicht geschafft, die Wähler für sich zu interessieren, Polen ist *noch* nicht Mitglied der Eurozone – nichts ist, was es ist, nur das Werden zählt. Außerdem geht man davon aus, dass die Entwicklung nur eine Richtung kennt, zu mehr Zuständigkeiten, mehr Mitgliedern, mehr »Europa«. Daher die Fassungslosigkeit, als die Mehrheit der britischen Wähler 2016 den Bann der Zukunft brachen und eine eigene Gegenwart forderten: Sie taten etwas Unvorstellbares.

Dieser dem ganzen Unterfangen inhärente Bewegungsdrang steht in Übereinstimmung mit dem als Rettungsanker verehrten Vertrag. Das Gründungsdokument enthält nämlich von vornherein eine Aufforderung zu seiner eigenen Revision. Dank dieser originellen Eigenschaft kann eine institutionelle oder inhaltliche Reform, im internationalen Recht häufig eine Störung der Ordnung, ebenso gut als Bekräftigung des Geistes der entsprechenden Ordnung aufgefasst werden. Wer Veränderungen ablehnt, muss sich rechtfertigen. So mussten die Briten nach 1973 feststellen, dass sie nicht nur einem Markt beigetreten waren, sondern einem Club mit sich ändernden Regeln und Aufgaben: einer »ever closer union«. In diesen drei berühmten Wörtern findet der europäische Bewegungsdrang seinen Ausdruck – angetrieben durch eine juristische Praxis der teleologischen Interpretation und gerechtfertigt mit zukunftsorientierten Zielsetzungen in der Präambel und den Gemeinsamen Bestimmungen. Die enge Verbindung zwischen Bewegung und Ordnung, zwischen Projekt und Vertrag prägt die Mentalität der Brüsseler Innenwelt. Man lebt dort zwischen Auftrag und Recht.

Der Glaube an eine neue Zukunft gab den Pionieren von 1950 den Mut und die Energie, die sie brauchten, um aus dem Nichts etwas nie Dagewesenes aufzubauen, erstarrte jedoch im Lauf der Zeit zu einer Orthodoxie, die keine Abweichung oder Alternative duldete. Entsprechend lautete die kompromisslose Devise von Paul-Henri Spaak, dem belgischen Schrittmacher des Projekts: »Europa wird supranational sein, oder es wird nicht sein.«[8]

Um von einem Neuanfang träumen zu können, muss man die böse Vergangenheit verbannen. Hier stoßen wir auf die Kehrseite der Verheißung: das Tabu. Der Bruch zwischen Vergangenheit und Gegenwart musste ein vollkommener sein.

Als größtes Tabu galt es, mit dem *nationalen Interesse* zu argumentieren. Wer dieses Tabu verletzte, stellte sich außerhalb der Ordnung. Als der französische Präsident de Gaulle 1965 seinen Botschafter aus Brüssel zurückrief, behauptete ein Kommissionsmitglied, dies sei das Schlimmste, das Europa »seit Hitler« widerfahren sei. Margaret Thatcher erklärte später, sie wolle »our own money back«. Noch drei Jahrzehnte danach ist diese Äußerung – in der Mythenbildung zu »*my* money back« verschärft – ins kollektive Gedächtnis geritzt; schon das zeigt, dass die britische Premierministerin damals ein Verbot übertrat. Welches? Es ging weniger um Knauserigkeit. Alle Diplomaten sämtlicher Mitgliedstaaten rechneten aus, wer wie viel aus dem gemeinsamen Topf bekam. Aber man durfte es nicht laut sagen. Zum Affront wurde Thatchers Äußerung durch ihren Ton und durch die Formulierung »*our own*«, die wenig von der Vorstellung übrig ließ, dass es sich um »unser gemeinsames« (europäisches) Geld handelte. Sie gab ostentativ zu erkennen, dass sie nicht an die Verheißung glaubte. Noch heute, viele Jahre nach de Gaulle und Thatcher, betrachtet man in Brüssel die Einmischung nationaler Regierungschefs in Unionsangelegenheiten mit Argwohn. Manche sehen darin eine Regression, eine »Renationalisierung der europäischen Politik« – statt einer sich entwickelnden »Europäisierung der nationalen Politik«.[9]

Ein zweites Tabu ist das Sprechen von *Unterschieden* zwischen Mitgliedstaaten. Die Gemeinschaft ist eine Gemeinschaft von Gleichen. Ein Machtgefälle ist der wichtigste nicht thematisierbare Unterschied. Alle wissen, dass Frankreich am Verhandlungstisch mehr Macht besitzt als Luxemburg, aber man darf es eben nicht laut sagen. In der Sphäre des Rechts sind alle gleich. Diese Fiktion der Gleichheit vor dem Gesetz ist nützlich und effektiv; vor allem die kleineren Mitgliedstaaten legen darauf großen Wert. Obwohl Machtgefälle nicht verschwinden, kann das Recht sie immerhin mildern. Bedenklich ist, dass auch andere Unterschiede weggedacht werden. Man geht einfach davon aus, dass alle Mitgliedstaaten gleich sind oder zumindest *werden*; hierzu passt ein verheißungsvolles Vokabular mit Begriffen wie »Harmonisierung«, »Konvergenz« und »Integration«. Während diese Annahme für die Regelpolitik förderlich, vielleicht sogar notwendig ist, gilt das nicht für das ereignispolitische Handeln. Dabei kommt es selbstverständlich darauf an, was ein Mitgliedstaat will und kann, wo in Europa er liegt, welche historischen Erfahrungen er gemacht hat, ob er schlagkräftige Streitkräfte besitzt oder nicht, ob er Steuern erheben oder seine Grenzen bewachen kann. Obwohl diese evidenten Unterschiede durch die Krisen der jüngeren Vergangenheit noch deutlicher sichtbar wurden, bleibt es heikel zu sagen, dass manche Mitgliedstaaten *anders* sind.

Ein drittes Tabu ist die Frage nach der *Regierung* im System der Union. Diese Gemeinschaft, sagten Rechtsexperten, sei *sui generis*, eine Sache für sich. Ihre Institutionen und Funktionen ließen sich nicht in klassische staatliche Kategorien wie Montesquieus drei Gewalten einordnen. Auch als die Gemeinschaft ein richtiges Parlament bekam, galt es weiterhin als naiv, nach einer Regierung zu fragen. Dieses Tabu führte noch Jahre später zu heftigen Streitereien um Begriffe. Jedes Mal, wenn Paris erklärte, für den Euro brauche es eine Wirtschafts*regierung*, erwiderten Berlin und Den Haag, man bevorzuge wirtschaftliche *Steuerung*, nicht *government*, sondern *governance*, keine sichtbaren Entscheider, sondern Regeln und Verfahren.

Ein viertes und letztes Tabu betrifft das Sprechen über *Grenzen*. Auch dieses Verbot erklärt sich aus dem Versprechen eines radikalen Bruchs mit der Vergangenheit. Das neue Europa muss offen und einladend sein, ohne Grenzen. Das Wort Grenze erinnert an Grenzstreitigkeiten, Krieg, Hegemoniebestrebungen – die böse Vergangenheit. Auch dieses Tabu ist langlebig. Trotz der Erweiterung um neue Mitglieder, trotz verschwindender Binnengrenzen bleibt die Grenzfrage heikel: Wo ist die Außengrenze, wo hört das politische Europa auf? Nicht nur Nachbarländer wie die Ukraine, Russland und die Türkei stellen das Tabu infrage, auch die europäische Öffentlichkeit will eine klare Antwort.

Die Strategie der Tabuisierung ist nachvollziehbar. In ihrer Anfangszeit war die Gemeinschaft ein junges, empfindliches Pflänzchen, das vor schädlichen Kräften innerhalb nationaler Regierungen, Beamtenapparate oder Rechtssysteme geschützt werden musste. Dann ist die moralische Delegitimierung von Opposition effektiv. Siebzig Jahre später ist diese *raison d'être* weggefallen; das Tabu ist zu einem Hemmnis geworden. Im Strudel der Ereignisse muss die Union unsere Interessen artikulieren und verteidigen, müssen die Mitgliedstaaten aus eigener Kraft ihre Handlungsmöglichkeiten und ihre Regierungsmacht bündeln, müssen sie als Gesamtheit ihren Platz in Raum und Zeit bestimmen. Doch der Nachkriegstraum von einem neuen, machtfreien Zeitalter hält sich zäh. Besonders deutlich zeigte sich das nach 1989.

Nach dem Mauerfall: Durchbruch und Widerstand

In der durch Ereignisse vorangetriebenen Metamorphose Europas ist der Fall der Mauer der primäre Schock, der historische Knall, der die europäischen Staaten zu grundsätzlicher Neubesinnung zwingt. Wie die Rede eines französischen Ministers am 9. Mai 1950 in Paris den Anstoß zur Gründung der Gemeinschaft gab (1951), so führte der Schock vom 9. November 1989 in Berlin letztlich zur Gründung der Union (1992). Ein Neuanfang. Er verursacht faszinierende Reibungen zwischen der Verheißung und der historischen Wirklichkeit, eine verwirrende Phase, in der alte und neue Formen, Gemeinschaft und Union, nebeneinander und miteinander vermischt existieren.

Nach den Volksaufständen von 1989 in Mittel- und Osteuropa – im Herbst in Berlin und Leipzig, im Frühjahr in Warschau, in verschiedenen Momenten in Prag, Bukarest, Budapest und Sofia – wird die Notwendigkeit einer gemeinsamen Ereignispolitik erstmals allgemein anerkannt. Nach zwei Jahren, in Maastricht, bekräftigen die zwölf Regierungschefs diese Einsicht in einem Unionsvertrag. Ein Durchbruch. Der Schock von 1989 ist zu groß, die Union sprengt ihr regelpolitisches Korsett. Die Verwandlung wird sichtbar.

Drei neue Politikfelder werden abgesteckt. Erstens: Die Union wird sich um *Sicherheit* kümmern. Während des Kalten Krieges hatte man diese Aufgabe weit überwiegend den Vereinigten Staaten überlassen, doch nun tauchen neue Ungewissheiten auf, was Grenzen und geostrategische Machtverhältnisse betrifft. Was ist für die östliche Hälfte des Kontinents nach dem Rückzug der Russen zu erwarten – wirtschaftliches Chaos, Bürgerkrieg? Was nach dem Rückzug der Vereinigten Staaten aus der westlichen Hälfte? Und welche Position im neuen Europa wird ein sich wiedervereinendes Deutschland einfordern? Auf französisches Betreiben enthält der in Maastricht geschlossene Unionsvertrag Bestimmungen über eine eigenständige europäische Außen- und Sicherheitspolitik. Auch die Idee einer künftigen gemeinsamen Verteidigung wird – gegen britischen Widerstand – darin aufgenommen. Angesichts des Machtvakuums an der östlichen Grenze beschließen die Mitglieder der Union im Jahr 1993, ihren exkommunistischen Nachbarstaaten die Aussicht auf einen Beitritt anzubieten. Selbstverständlich spielt dabei auch die Vergrößerung des Marktes um etwa hundert Millionen Konsumenten eine nicht geringe Rolle, doch im Grunde wird die Osterweiterung, die 2004 einen vorläufigen Abschluss findet, aus Sicherheitserwägungen beschlossen.[10] Vor allem das neue Deutschland, selbst nicht mehr in West und Ost geteilt, macht sich dafür stark. Territoriale Erweiterung als Sicherheitspolitik.

Das zweite neue Politikfeld: eine gemeinsame Währung. Auch sie wurde in Maastricht beschlossen. Die ausgearbeiteten Pläne lagen bereit, doch möglich wurde die Ersetzung teilweise jahrhundertealter nationaler Währungen durch eine europäische, eine einschneidende Maßnahme, erst durch den Knall des Mauerfalls. Der französische Präsident, besorgt über die sich verändernden Machtverhältnisse, machte die Zustimmung Deutschlands zur Währungsunion zum Prüfstein für die enge Bindung des Landes an Europa, und der Bundeskanzler folgte dieser Logik. Es ist charakteristisch für die Spannungen nach dem Mauerfall, dass diese inhaltliche Neuerung nach dem regelpolitischen Modell zustande kommt: die Einführung des Euro als Weiterentwicklung des

Marktes. Nachdem Paris den Deutschen die Hauptkonzession – *dass* eine gemeinsame Währung eingeführt wird – abgerungen hat, darf nämlich Bonn bestimmen, *wie* diese Währung aussehen soll. Um Preisstabilität nach D-Mark-Standard zu garantieren und um auszuschließen, dass ein Land finanziell für ein anderes haften muss, möchte Deutschland die Währung vor politischer Willkür schützen. Deshalb die Delegierung der Geldpolitik an eine unabhängige Zentralbank; deshalb die Bindung der Haushaltspolitik an strenge Regeln; deshalb auch das Verbot gegenseitiger Schuldenfinanzierung. Die deutsche und niederländische Bevorzugung einer entpolitisierten Währung passte wunderbar zum Brüsseler Denken. Für die Experten war die Währungsunion nicht ein unerhörter historischer und politischer Sprung, sondern ein »logischer« nächster Schritt in der erfolgreichen Integration des Binnenmarktes, zu dem seit einigen Jahren auch der freie Kapitalverkehr gehörte. Länder, die anders dachten, wie etwa Frankreich, arrangierten sich vorläufig mit dieser Herangehensweise. Das Vereinigte Königreich dagegen lehnte es ab, sich auf die Einheitswährung einzulassen, denn aus Londoner Sicht wurden damit die regelpolitischen Grenzen deutlich überschritten; es behielt das Pfund. So begann mit Maastricht auch das Spiel der Ausnahmeregelungen, der *opt-outs* und *opt-ins*. In dieser Anerkennung der Unterschiede kündigte sich gleichzeitig etwas anderes an: das Ende der Verheißung.

Das dritte neue Politikfeld der Union betraf eine Politisierung der Institutionen, mehr Mitsprache für Bürger und Wählerinnen. Die institutionelle Struktur Europas ist das Ergebnis von Jahrzehnten des Zusammenspiels und der Rivalität – zwischen Frankreich und Deutschland, zwischen großen und kleinen Ländern, zwischen Hauptstädten und zentralen Institutionen. Übereinstimmung hinsichtlich einer optimalen

Form herrschte nie. Wenn wir das politische Geschehen in Theaterbegriffen beschreiben – mit Schauspielern und Publikum, Bühne und Kulissen, eine Aufführung in Zeit und Raum –, sehen wir, dass es von Anfang an drei dramaturgische Stile gab: Entpolitisierung, Parlamentarisierung und Gipfelpolitik. Während vor 1989 der zuerst genannte dominiert, tun es danach die beiden anderen. Um die Zusammensetzung der Zeitschichten sichtbar zu machen, ist es notwendig, diese Dreierreihe von Stilen und Traditionen klarer zu konturieren.

Beginnen wir mit der entpolitisierenden Gemeinschaft. In ihr haben drei Institutionen das Sagen: Die *Kommission* in Brüssel bringt Vorschläge ein, führt spezifische Aufgaben aus und tritt als »Hüterin« des Vertrags auf; von Luxemburg aus wacht der *Europäische Gerichtshof* über diesen Vertrag und schützt die noch junge Rechtsordnung; der *Ministerrat* ist das Forum, in dem die Minister der nationalen Regierungen verhandeln und Regeln festlegen, bevor diese Regeln ihr entpolitisierendes Werk tun. Funktionäre aller Institutionen wissen von jeher, dass Kompromisse und Interessenverflechtung am leichtesten außerhalb des Blickfeldes der Öffentlichkeit zustande kommen; sie teilen deshalb, in Theaterbegriffen ausgedrückt, eine Vorliebe für die Kulissen. Was ihnen Rückhalt durch die Öffentlichkeit einbringt, ist nicht demokratische Mitbestimmung, sondern sind praktische Resultate.

Von den sechziger Jahren an wird mit zwei dramaturgischen Kunstgriffen versucht, in diesem entpolitisierten Theater Politik und Bürger zusammenzuführen, was schließlich zur Gründung eines *Europäischen Parlaments* und eines *Europäischen Rates* der Staats- und Regierungschefs führt. Mit beiden strebt man danach, das gemeinsame politische Leben auf die Bühne zu bringen. Uneinigkeit besteht in der Frage, wie und in welcher Eigenschaft das Publikum einbezogen werden soll und wem die Hauptrolle zukommt. Der eine Ansatz, beliebt in (West-)Deutschland, Italien, Belgien und Luxemburg und inspiriert durch die Verheißung, zielt darauf ab, eine direkte Verbindung zwischen dem Parlament und den Wählern in ihrer Eigenschaft als Europäer zu stiften, um der Kommission als Regierung Legitimität zu verschaffen. Der andere Ansatz, favorisiert von Frankreich, hat zum Ziel, unter dem kritischen Blick eines vielgestaltigen Publikums aus nationalen Wählern die Regierungschefs als Hauptdarsteller auftreten zu lassen, damit auch Ereignispolitik betrieben werden kann. Lange Zeit misstrauen und blockieren sich die beiden Lager gegenseitig, bis der französische Präsident Valéry Giscard d'Estaing 1974 eine Einigung zustande bringt, und zwar mit der Gründung des Europäischen Rates *und* der Entscheidung für eine Direktwahl des Parlaments (seit 1979 alle fünf Jahre). Auf diesem Kompromiss bauen die Mitgliedstaaten 1991 in Maastricht auf: Das Parlament, das bis dahin nur ein sehr begrenztes Mitspracherecht hat, erhält auf Drängen Deutschlands gesetzgeberische Kompetenzen – neben dem Ministerrat –, während der Europäische Rat, obwohl er sich in der Praxis bereits zur höchsten Entscheidungsinstanz entwickelt hat, auf Betreiben Frankreichs zum ersten Mal mit formalen Zuständigkeiten ausgestattet wird, besonders für internationale Politik sowie für Justiz und Inneres. Mit diesen Entscheidungen erkennen die europäischen Regierungschefs an, dass eine Union, die Ereignispolitik betreibt, den Rückhalt und die Stimmen des Wahlvolks braucht. Die Frage, wer die höchste Gewalt innehat, bleibt unbeantwortet, das muss sich erst noch herauskristallisieren. Politisierung ohne Regierung.

Die Öffentlichkeit spürt ganz genau, dass Europa nach 1989 eine andere Form bekommt. Im Ratifizierungsprozess stößt der Vertrag von Maastricht in einigen der zwölf nationalen Parlamente und Bevölkerungen auf ungeahnte Widerstände. In einem Referendum verwirft eine Mehrheit der dänischen Wähler im Juni 1992 die Union gerade wegen der politischen Reformen, ein Novum und ein Schock. Daraufhin sagen die französischen Wähler nach erbittertem Streit mit äußerst knapper Mehrheit Ja. Im Vereinigten Königreich kann der Premier das bockige Unterhaus nur durch eine dramatische Vertrauensabstimmung zu einer Entscheidung für Maastricht nötigen. In Deutschland werfen sich die Karlsruher Richter mit ihrem strengen Maastricht-Urteil (1993), einem »Bis hierhin und nicht weiter«, zur Stimme der deutschen Wähler auf. In Brüssel ist man fassungslos, die Kritik nationaler Wählerschaften, Parlamente und oberster Gerichtshöfe ist wie eine Folge von Hammerschlägen. Zweifellos beginnt mit dem Übergang zur Union auch der lautstarke Streit über Europa, das Publikum steht auf den Stühlen: eine befreiende Empfindung.

Das Bemerkenswerte ist, dass gleichzeitig Kräfte im Spiel waren, die diese politische Metamorphose verschleiern und den öffentlichen Streit im Keim ersticken wollten. Viele, die lieber an den Gewohnheiten und der Doktrin Brüssels festgehalten hätten, haben sich dem Umdenken mit aller Macht widersetzt. Kommission und Parlament betrachteten die institutionellen Arrangements des Maastricht-Vertrags als Abweichungen von der heiligen Gemeinschaftsmethode, unvereinbar mit der reinen Lehre. Jacques Delors war nach eigener Aussage am Tag der feierlichen Unterzeichnung des Unionsvertrags »ein enttäuschter Mann«.[11] Die Schlüsselrolle für die Staats- und Regierungschefs, die besondere Arbeitsweise auf den Gebieten internationale Politik und Justiz, sie durften – und dürfen noch heute – nur zeitlich begrenzte Ausnahmen sein. Wie von jeher übersetzte man »nicht« in »noch nicht«.

Nach dem Fall der Mauer werden die Konflikte heftiger. Die Union ist ein politischer Verbund, der die Entpolitisierung begrenzt, um auf Ereignisse reagieren zu können. Das verschärft den Streit zwischen den Verfechtern der beiden verschiedenen Arten von Politisierung, nämlich über das Parlament oder über Gipfeltreffen. Unter Berufung auf die Gründungsverheißung stellen die Anhänger der Parlamentarisierung den Machtkampf gern als moralischen Konflikt zwischen der (guten) Gemeinschaft und der (schlechten) Union dar. Sie weigern sich, die Erfordernisse der Ereignispolitik zur Kenntnis zu nehmen und die Tatsache anzuerkennen, dass für Entscheidungen in Krisensituationen Regierungsmacht notwendig ist. Ideologische Verketzerung als die andere Seite des Übermuts der Ämter. Die Verfechter der Gipfellösung sehen sich durch die Krisen ein für alle Mal bestätigt, unterschätzen aber wiederum, in welchem Maße Improvisation oder das Machtstreben einzelner Regierungschefs sowohl das Flechtwerk der Regelpolitik als auch das gegenseitiges Vertrauen beschädigen können.

Angela Merkel bekam den doktrinären Gegendruck am eigenen Leibe zu spüren. In einer Rede in Brügge im Jahr 2010 wies sie darauf hin, dass Kommission und Parlament kein Monopol auf »Europa« haben und dass über den Rat und den Europäischen Rat (dem sie selbst angehörte) auch die Mitgliedstaaten ihre Rolle in Europa spielen. Als Bezeichnung für das angestrebte Zusammenspiel zwischen Institutionen und Mitgliedstaaten führte die Bundeskanzlerin mit zeitgeschichtlichem Gespür den Begriff »Unionsmethode« ein.[12] Ein Wort, das genau zur Situation passte. Doch in bestimmten Brüsseler Kreisen traf sie damit einen empfindlichen Nerv. Man war empört und empfand ihre Äußerung als hinterhältigen Angriff.[13] Merkel hatte ein Tabu verletzt. Gedrängt von prominenten Parteikollegen im Europäischen

Parlament, verzichtete sie auf die weitere Verwendung des Begriffs. Obwohl die Gemeinschaft inzwischen formal von der Union abgelöst wurde,[14] bleibt die »Gemeinschaftsmethode« unantastbar. So engt das alte Denken das europäische Selbstverständnis ein. Der starre Glaube, das »wahre Europa« müsse *gegen* die Mitgliedstaaten statt mit ihnen zusammen aufgebaut werden, nährt die Skepsis großer Teile der Öffentlichkeit und steht der Entwicklung einer gemeinsamen Handlungsfähigkeit der Union im Weg.

Nicht nur doktrinärer Gegendruck erschwert das Verständnis der europäischen »Wende«. Schon von 1989 an setzte sich die Vorstellung fest, dass die Aufgabe einer neuen Union, Sicherheit zu garantieren und rasch auf Ereignisse zu reagieren, nicht so drängend sei. Die Schockwelle des Mauerfalls, die solch große Fragen wie die von Krieg oder Frieden zurückbrachte, schien schnell zu verebben. Die Rückkehr der Geschichte hatte zwar das diplomatische Räderwerk in Gang gesetzt – und den Durchbruch zur Union ermöglicht –, veränderte jedoch nicht oder kaum das europäische Selbstbild. Im Gegenteil, in einem letzten Aufflackern von postkolonialem Optimismus übernahm der Westen begeistert die Idee vom »Ende der Geschichte«, den verführerischen Gedanken, die ganze Welt sei auf dem Weg zum freien und demokratischen Kapitalismus nach westlichem Modell. Welch eine Ironie – genau in dem Moment, als Europa auf der geopolitischen Bühne erscheinen sollte, verkündete ein Amerikaner: »Die Vorstellung ist vorbei, Sie können in die Garderobe zurück!«

Doch Francis Fukuyama, der Prophet des Endes der Geschichte, hatte die von tektonischen Verschiebungen ausgelösten Vorbeben nicht registriert. Die historische Beschleunigung der Ereignisse setzte sich fort, die Rückkehr der Geschichte wurde zuerst 2001 und dann von 2008 an für alle erkennbar. Seitdem vollzieht sich die Metamorphose Europas in einer Reihe von Krisen vor aller Augen, und das Publikum bemüht sich unverzagt um eine Rolle im Lauf der Geschichte.

In den Krisen: Die Erfahrung der Verwundbarkeit

In seiner brillanten Studie *The Machiavellian Moment* (1975) lokalisiert der neuseeländische Historiker John G. A. Pocock die Entstehung des modernen politischen Denkens – bei Niccolò Machiavelli und Zeitgenossen wie Francesco Guicciardini – in der Erkenntnis der Endlichkeit der Polis. Pocock spricht von dem Moment, »in dem die Republik feststellte, dass sie ihrer Befristetheit und Endlichkeit ins Auge blickte, und sie versuchte, politisch und moralisch einem Strom augenscheinlich sinnloser Ereignisse standzuhalten, die das gesamte gesellschaftliche und politische System zu zerrütten und zu zerstören schienen«.[15] Wer um seine Sterblichkeit weiß, muss sich als zufällige Erscheinung im Strom der Zeit begreifen und sich entsprechend wappnen. Eine existenzielle Erfahrung.

In einem solchen Moment historisch-politischer Bewusstwerdung ist die Europäische Union seit etwas mehr als einem Jahrzehnt angekommen. Es ist ein *Machiavellian moment* im Sinne von Pocock. Der Sommer 2008 kann wegen des brisanten Krieges zwischen Russland und Georgien im Kaukasus und wegen der folgenreichen Implosion der New Yorker Investmentbank Lehman Brothers wenige Wochen später als ein Augenblick gelten, in dem alles auf der Kippe stand. Augustkrieg im Osten, im September finanzieller Meltdown im Westen, die Geschichte schaltet in den nächsthöheren Gang.

Ein Ereignis folgt auf das andere: Invasion und Aufstand, Finanzkrise und Depression, Migration und Abschreckung, Aufstieg und Niedergang von Großmächten, Pandemie und allgegenwärtige Todesgefahr – Phänomene aus einer fast vergessenen Vergangenheit, die in einer brodelnden Gegenwart triumphierend wiederkehren. Unvorbereitet und fassungslos improvisieren die europäischen Staaten und Bevölkerungen, allein und gemeinsam, ihre Gegenwehr.

Die großen Krisen der Jahre 2008 bis 2020 haben die Union gezwungen, die heiligen Grundsätze ihres Ewigkeitsdenkens preiszugeben und im unmittelbaren Hier und Jetzt zu handeln, um drohende Katastrophen zu beherrschen und zu überleben. Eine neue und unerwartete Aufgabe: auf Kontingenz eingestellt sein und Ereignispolitik betreiben.

Die Flutwelle von Katastrophen auf den Finanzmärkten im September 2008 ist für amerikanische und europäische Politiker, Entscheidungsträger und Zentralbanker der Schreck ihres Lebens. Dank energischen staatlichen Eingreifens wird die Gefahr bezwungen. Anderthalb Jahre später droht ein »zweites Lehman«, diesmal allein Europa. Ein nahender griechischer Staatsbankrott gefährdet die Währung insgesamt. Die Union improvisiert eine Lösung. Notgedrungen machen Politiker in der Eurokrise (2010-12) kurzen Prozess mit den Dogmen der monetären Entpolitisierung. Sie beschließen eine zentrale Bankenaufsicht, einen massiven Rettungsfonds sowie reguläre Eurogipfel und stimmen ohne viel Aufhebens dem Ankauf von Staatsschuldpapieren durch die Zentralbank zu – noch kurz zuvor undenkbare Schritte. Der Fortbestand der Währung erfordert strengere Regeln, aber auch einen gemeinsamen politischen Willen, währungspolitisches Handlungsvermögen und Überzeugungskraft gegenüber den Märkten und Wählern.

Anschließend sind es Dramen an den Grenzen, die das

Selbstbild Europas infrage stellen. Die geopolitischen Krisen im Zusammenhang mit der Ukraine (2014/15) und der Migration (2015/16) haben die Union, die von jeher lieber über universelle Werte als über eigene Interessen spricht, vor tragische Entscheidungen gestellt: zwischen Recht und Frieden, zwischen Sicherheit und Gastfreundlichkeit. Es ist unvermeidlich, dass sie ihre Unschuld verliert. Um den Flüchtlingsstrom aus dem Nahen und Mittleren Osten einzudämmen, wird ein ethisch und juristisch fragwürdiger Deal mit der Türkei Erdoğans geschlossen. Um den Krieg zwischen der Ukraine und Russland, die gefährlichste bewaffnete Konfrontation auf dem Kontinent seit den Balkankriegen, unter Kontrolle zu bringen, vermitteln Bundeskanzlerin Merkel und Präsident François Hollande einen Kompromiss zwischen dem ukrainischen Präsidenten und seinem russischen Kollegen. In der Not muss die Union Grenzen ziehen, Prinzipien verleugnen, sich die Hände schmutzig machen. Sie sagt es lieber nicht laut, aber sie handelt.

Erst nach dem Doppelschlag des Brexit und der Wahl Trumps, der Europa 2016 trifft, hört man Äußerungen wie: »Wir Europäer müssen unser Schicksal wirklich in unsere eigene Hand nehmen«, so Angela Merkel im Mai 2017, einige Tage nachdem der amerikanische Präsident den Sicherheitsgarantien für Europa den Boden entzog.[16] Merkels Erklärung passt genau zu einem *Machiavellian moment*. In ihrem deutsch-europäischen Bewusstsein weiß sie sich gestützt durch die französisch-europäischen Ambitionen des soeben angetretenen Präsidenten Emmanuel Macron, der es kaum erwarten kann, sich im Namen der Union auf der Weltbühne zu beweisen. Was der Bundeskanzlerin außerdem Vertrauen in die Fähigkeiten der Union einflößt, ist die geschlossene europäische Front nach dem britischen Referendum vom Juni 2016. Die bevorstehende Trennung lässt alle erschaudern, einen Moment fürchtet das europäische Kollektiv um sein Überleben, doch die Siebenundzwanzig fassen sich und treten dem Ausbrecher in geordneter Formation entgegen. Der Erfahrung der eigenen Verwundbarkeit entspringt letztlich ein neuer Lebenswille.

Auffällig ist, dass die Europäische Union auf die doppelte Heimsuchung durch Brexit & Trump überzeugender und geschlossener reagiert als in vorangegangenen Krisen. Warum weckt gerade dieser Moment einen Lebenswillen, der vorher zu fehlen schien? Frühere Abgründe waren nicht weniger tief – die Euro-Turbulenzen, der amerikanisch-russische Stellvertreterkrieg in der Ostukraine, die frierenden Flüchtlinge im mazedonischen Schnee.

Warum also müssen wir Europäer gerade jetzt »unser Schicksal wirklich in unsere eigene Hand nehmen«?

Die Antwort lautet kurz und schlicht: Deutschland. Der doppelte elektorale Anschlag auf die internationale Ordnung im Jahr 2016 hat die Bundesrepublik wachgerüttelt und die geopolitische Verwundbarkeit des Landes sichtbar gemacht. Denn welch ein Unterschied zum Handeln in früheren Krisen! In der Eurokrise war Deutschland nach eigenem Empfinden das starke Triple-A-Land, das schwächere Geschwister retten musste. In der Krise um die ferne Ukraine trat Bundeskanzlerin Merkel als kontinentale Chefdiplomatin und Friedensstifterin auf. In der Flüchtlingskrise stand das Land zwar mit seiner Politik der offenen Grenzen allein, dies aber immerhin in der Rolle des barmherzigen Samariters. Gewiss, das waren Herausforderungen, aber das positive Selbstbild Deutschlands wurde durch sie nicht infrage gestellt, sondern vielmehr bestätigt. Die vom Brexit und der Wahl Trumps ausgehenden Erschütterungen der wirtschaftlichen und geopolitischen Nachkriegsordnung, auf der auch das Bauwerk des wiedervereinten Deutschland ruht, ist beispiellos.

Angesichts der Erfahrung der Verwundbarkeit gerade in einem Moment relativer Stärke ist die politische Führung in Berlin mutig genug zu verkünden, dass wir unser Schicksal »in unsere eigene Hand nehmen« müssen. Doch warum »wir Europäer« und nicht »wir Deutschen«? Weil der europäische Verbund für Deutschland lebenswichtig ist. Eine deutsche Regierung kann nur unter Verweis auf »Europa« erklären, dass geopolitisches Handeln notwendig und unvermeidlich ist. Europäisches Handeln ist erlaubt. Während Westdeutschland in den Jahren des Kalten Krieges, als Ostdeutschland zum sowjetischen Herrschaftsgebiet gehörte, völlig von den Vereinigten Staaten abhängig war, was seine *Sicherheit* betraf, und ganz auf Frankreich angewiesen, was den von Sünden erlösenden Rahmen *Europa* anging, fallen zum ersten Mal beide Aspekte in eins. Deshalb investiert Deutschland nun seine politische Energie in die Union und ergreift Merkel die Initiative, als es darum geht, eine geschlossene europäische Front zu schaffen. In Macron trifft sie auf den ersten französischen Präsidenten nach dem Zweiten Weltkrieg, der die Tatsache anerkennt, dass Europa zu groß geworden ist, um nur als Hebel für französische Macht und französische Projekte zu dienen, und dass es stattdessen als Union mit eigener politischer Macht und eigenem politischem Willen auftreten muss.

Für Frankreich und die anderen Mitgliedstaaten ist es wichtig zu erkennen, dass sich dieser neue politische Lebenswille Deutschlands im Streben nach europäischer Souveränität ausdrückt und nicht in deutschem Nationalismus. Ein historischer Glücksfall. Andererseits wird Deutschland seine regelpolitischen Instinkte zügeln und sich von dem Glauben an die Brüsseler Heilsgeschichte verabschieden müssen, in der jede neue Krise die Verheißung eines vereinten Europa in sich trägt.[17]

Auf Merkels historische Worte von 2017 folgen in Berlin zwei, drei Jahre schleppender politischer Neuorientierung. Kein Handeln. Dieses ein wenig selbstzufriedene Zaudern erweckt im stets ungeduldigen Paris Ärger. Tatsächlich war die Bundeskanzlerin aber ihren eigenen Truppen vorausgeeilt; die atlantischen Traditionen im deutschen außenpolitischen Establishment sind zäh. Außerdem vertrauen Polen und andere osteuropäische Nachbarn in Sachen Sicherheit auch unter Trump weiterhin mehr auf Washington als auf Brüssel oder Berlin. Und so wird erst die fünfte große Krise, die Pandemie von 2020, der deutschen Öffentlichkeit ihre historische Verantwortung bewusst machen und die Bundeskanzlerin zu neuen Taten antreiben.

Zwischenspiel

> Man kann wohl sagen, dass von
> diesem Moment an die Pest uns alle
> betraf. Bis dahin war jeder unserer
> Mitbürger, trotz der Überraschung
> und Besorgnis, die diese beispiellosen
> Ereignisse für alle mit sich gebracht
> hatten, an seinem gewohnten Platz
> seiner Tätigkeit nachgegangen, so gut
> er konnte. Und zweifellos sollte das
> so weitergehen. Aber als die Tore auf
> einmal geschlossen waren, merkten
> sie, dass sie alle, auch der Erzähler, in
> derselben Falle saßen und sich damit
> abfinden mussten.
> *Albert Camus*, Die Pest[1]

Eine öffentliche Angelegenheit

»Wo ist Europa, wenn man es braucht?«, wurde überall gefragt, als das Virus zu Beginn des Frühjahrs 2020 auf unserem Kontinent Krankheit und Verderben säte. Erst kam der Hilferuf aus Italien und Spanien, schließlich stimmte die gesamte Union in die Klage ein; als verzerrtes Echo waren außerdem höhnische Sticheleien aus Moskau und Peking, ja sogar Brexit-London zu hören. Ernst war die Lage auf jeden Fall. Am 11. März 2020 erklärte die Weltgesundheitsorganisation (WHO) den Covid-Ausbruch zur weltweiten Pandemie, zwei Tage später den europäischen Kontinent zum Virusherd. Die sachliche Feststellung durch diese internationale Autorität schockierte einen Kontinent, der sich in Sicherheit gewiegt hatte. »Hier, bei uns?« Gleichzeitig nährten makabre Bilder – Virologen in Raumanzügen, vergessene Tote in Krankenhausfluren, Lastwagenkolonnen mit Särgen – die Angst um Leib und Leben. Vor diesem erschreckenden Hintergrund empörte es viele, dass die Europäische Union zunächst nichts zustande brachte, was das Leiden hätte mildern können, und man empfand die schwache Entschuldigung, die Brüsseler Institutionen seien auf dem Gebiet der Gesundheit nicht zuständig, als erbärmlich.

Das Handeln der europäischen Staaten und ihrer Union in der Coronakrise muss durch die Linse der Ereignispolitik betrachtet werden. Wenn die Geschichte an die Tür klopft, sind fehlende offizielle Kompetenzen keine Entschuldigung (aber auch nicht von vornherein ein Grund zur Kritik). Was zählt, ist die in der Situation bewiesene Fähigkeit, gemeinsam Ereignispolitik zu betreiben, anders gesagt, eine alle Bürger bedrohende Katastrophe zu erkennen und abzuwehren, auf überzeugende Weise zu improvisieren, wenn es darauf ankommt, und anschließend die weiteren Entwicklungen zu antizipieren und das System zu stärken. Dieser Maßstab ist dynamisch; das Urteil orientiert sich daran, ob politische Verantwortlichkeiten sich effektiv entfalten.

Verantwortlichkeit ist eine *politische* Kategorie, die zum Handeln auffordert. Sie gehört in eine andere Sphäre als die Kompetenz, mit der EU-Juristen und -Beamte vertraut sind. Beispiellose Krisen erfordern definitionsgemäß einen Grad an Autorität und Handlungsfähigkeit, der über die gängigen Kompetenzen hinausgeht; solche Situationen sind ein Appell an persönliche Verantwortung. Wenn einen die Wirklichkeit mit einem Problem – wie einer Pandemie – konfrontiert, muss darauf eine Antwort folgen, eine Handlung. Die Etymologie offenbart den Zusammenhang: In »Verantwortung« oder »responsibility« stecken »Antwort« und »response«. Verantwortung zu übernehmen ist (wie sich spätestens zeigt, wenn es nicht geschieht!) auch die sichtbare Äußerung von Pflichtbewusstsein. Dennoch ist es letztlich eine freie Entscheidung, zu der niemand gezwungen werden kann. Die Aufforderung geht aus von einer Frage, für die keine Standardantwort bereitliegt, von einem Problem, das in Gesetzen oder Vereinbarungen nicht geregelt ist, von einem Hilferuf ohne zuständige Anlaufstelle.[2]

Die Idee der Aufeinanderfolge von Frage und Antwort hilft, die besondere Dynamik der Coronakrise zu deuten, und macht einen wesentlichen Zug der europäischen Politik sichtbar. Ziehen wir einen Moment John Dewey und sein großartiges Buch *Die Öffentlichkeit und ihre Probleme* (1996 [1927]) über die Natur des Staates zurate. Während die meisten politischen Theorien den Ursprung des Staates in dem Auftreten und der Willenskraft von Gründerfiguren und Tatmenschen lokalisieren, kehrt der amerikanische Philosoph die Perspektive um: Die Öffentlichkeit war zuerst da. Öffentlichkeit bildet sich als Reaktion auf Geschehnisse, die alle gemeinsam betreffen. Das können von außen kommende Ereignisse sein, aber auch indirekte Folgen menschlichen Handelns. Die Verabredung zweier Freunde, zusammen angeln zu gehen, bleibt Privatsache; eine Absprache zwischen zwei Verschwörern oder Monopolisten wird sich auf andere auswirken. Wenn solche indirekten Folgen erkannt oder erfahren werden, ist nach Deweys Auffassung Öffentlichkeit entstanden. Sie sei zunächst formlos, verteilt und unorganisiert. Sobald aber Versuche unternommen würden, die Öffentlichkeit zu organisieren und in ihrem Namen die Folgen menschlichen Handelns oder anderer Ereignisse abzuwenden, sie in eine bestimmte Richtung zu lenken oder auf andere Weise darauf zu reagieren, »entsteht etwas, das die Merkmale eines Staates besitzt«.[3] Um die Interessen der

Öffentlichkeit wahrzunehmen, träten Amtsträger auf den Plan (Politiker, Richter, Beamte). Die notwendigen Gebäude, Einrichtungen, Finanzen und anderen Mittel nannten die Römer *res publica*, öffentliche Sache oder Angelegenheit. Im weiteren Sinne bezeichnet der Begriff die Gesamtheit öffentlicher Interessen; die öffentliche Angelegenheit ist sowohl Auftrag (das öffentliche Interesse) als auch Form (Staatsgemeinschaft, Republik).

Die Bedürfnisse der Öffentlichkeit veränderten sich ständig, betont Dewey, und niemand wisse im Voraus, in welcher Weise. Sie entstünden nämlich als Reaktion auf häufig unvorhergesehene Ereignisse und Entwicklungen. Außerdem bleibe die Wahrnehmung der öffentlichen Interessen selbst nicht ohne Folgen. Irrtümer, Fehlurteile, unpraktikable Gesetze und Fälle von Machtmissbrauch seien zahlreich. Da sich die Situation kontinuierlich verändert, sind auch die Erwartungen der Öffentlichkeit im Fluss und damit die öffentliche Diskussion. Dies impliziert – ein Aspekt, den Dewey weniger intensiv beleuchtet –, dass die Öffentlichkeit hinsichtlich des richtigen Handelns oder Reagierens gespalten sein kann. Aus geteilten Erfahrungen ziehen nicht alle die gleichen Schlüsse, aus kollektiver Anteilnahme an der *res publica* ergibt sich noch kein »Volkswille«.

Staaten unterscheiden sich je nach Zeit und Ort, ebenso die Ansichten darüber, was Staatsangelegenheiten sind und was nicht. Trotzdem sieht Dewey Konstanten. Zum Beispiel seien Erfindungen, Entdeckungen und neue Ideen eher Sache einzelner Individuen und privater Initiative, während der Staat sich mehr für das Etablierte und für Beständigkeit interessiere. Überdies sorge sich die Öffentlichkeit in der Regel um die Schwächeren und fordere Schutz für sie. »Gesetzgeber«, schreibt Dewey, seien »eher bereit, die Arbeitszeit von Kindern als die von Erwachsenen und die von Frauen eher als die von Männern zu regulieren«.[4] Am lautesten sei der Ruf der Öffentlichkeit nach staatlichem Handeln, wenn die (direkten) Folgen eines Ereignisses oder die (indirekten) Folgen menschlichen Handelns »von Wichtigkeit« seien. Das sei ein vages Kriterium, räumt der Autor ein, doch nicht ohne Sinn. Durch drei Faktoren, so Dewey, gewinnen Folgen an Bedeutung: Sie können zeitlich und räumlich weitreichend sein; sie können dauerhaft, regelmäßig und auf die gleiche Weise auftreten; sie können irreparabel sein.

Und schließlich erkennt Dewey sehr klar die Spannungen, die sich zwischen einer »neuen Öffentlichkeit« – der Antwort auf eine neue historische Situation – und bestehenden politischen Institutionen ergeben können. Um sich herauszubilden, müsse die neue Öffentlichkeit existierende politische Strukturen durchbrechen, und dies sei schwierig, weil der reguläre Weg zu Veränderungen gerade über diese Strukturen führe.[5] Die neue Öffentlichkeit existiere neben einer »alten« Öffentlichkeit mit einer starken Präferenz für bestehende Bindungen, bekannte Antworten, vorgegebene Rahmen. Eine neue Öffentlichkeit kann bei den regelmäßigen Wahlen ihren Wünschen Ausdruck verleihen, für politische Kurskorrekturen sorgen, Akteure ersetzen. Aber sie kann nicht den Rahmen ändern, innerhalb dessen diese Wahlen stattfinden; eine Veränderung der staatlichen Form wäre kaum ohne eine Revolution möglich.

Mehr als in den vorigen großen europäischen Krisen folgt während der Coronakrise das politische Handeln auf den Ruf der Öffentlichkeit nach solchem Handeln. Zum Vergleich: Die finanziellen Krisen seit 2008 wurden gewissermaßen von oben nach unten bewältigt. Die Regierungen, alarmiert von Experten, mussten träge Parlamente von der Notwendigkeit drastischer Maßnahmen überzeugen, um Banken und Währung zu retten. Die Öffentlichkeit schaute zu, sie hatte nichts dergleichen gefordert. Ebenso waren die ökonomischen Freiheiten, die von der Brüsseler Regelfabrik von 1957 an geschaffen wurden, von oben her sozusagen als Gunst verliehen und nicht von unten gefordert und erzwungen worden. Das Gleiche gilt für die Einführung der Unionsbürgerschaft und des Mitentscheidungsverfahrens, die 1992 die Umformung zur Union begleitete. Nie brauchte dafür eine Bürgerrechtsbewegung in Brüssel, Luxemburg oder den nationalen Hauptstädten zu demonstrieren. In Deweys Begriffen: Natürlich gab es eine europäische Öffentlichkeit, aber sie war »unfertig, unorganisiert«, hatte praktisch keine Stimme und nahm keinen Einfluss auf die politische Richtung, außer indem sie bremste oder Nein sagte.[6] Die politischen Akteure handelten unaufgefordert.

Erst in der Migrationskrise von 2015/16 gab es dann ansatzweise ein Primat der Öffentlichkeit: Konfrontiert mit den dramatischen Bildern von Flüchtlingen, die an der griechischen Küste landeten und sich mit Handkarren auf den Weg nach Norden machten, wollte die Öffentlichkeit Taten sehen. Allerdings war sie tief gespalten: Verlangten die einen Barmherzigkeit und offene Grenzen, so forderten die anderen Sicherheit und die Abriegelung der Grenzen.

Noch deutlicher ist das Primat der Öffentlichkeit im Pandämonium der Pandemie. Die Öffentlichkeit erklärt: Diese Pandemie, unser Leben und unsere Gesundheit sind eine öffentliche Angelegenheit. Wir wollen, dass die Politik Verantwortung übernimmt, uns hilft, Schwächere schützt, Verluste an Menschenleben und andere irreparable Schäden verhindert. In diesem besonderen Moment existiert die *res publica* bereits als Auftrag und Aufgabe, aber noch ohne Umsetzung in konstitutionelle Formen oder rechtliche Instrumente. Die politische Antwort muss improvisierend entwickelt, die Werkzeuge an Ort und Stelle entworfen werden. Anders als von den Experten des Status quo, den Juristen und Beamten, verlangen wir von den führenden Politikern, dass sie der Dynamik einer Situation gewachsen sind. Veränderung vor aller Augen zu gestalten ist ihr Beruf.

Diese faszinierende Wechselwirkung zwischen Öffentlichkeit und Politik betrachte ich in drei Schritten. Der erste ist eine Chronik der Coronakrise unter dem Aspekt der Ereignispolitik (3. Kapitel). Anschließend geht es um die Frage, welche Rolle diese einzigartige Episode in der Metamorphose der Union in Richtung Sichtbarkeit und Öffentlichkeit spielt (4. Kapitel). Zum Schluss wenden wir uns dem Phänomen zu, dass die Öffentlichkeit infolge der Pandemie nun auch die strategische Position Europas zwischen den handelnden oder hilflos zappelnden Großmächten als »ihre Angelegenheit« begreift (5. Kapitel).

3. Chronik der Coronakrise

> Sicher ist, dass der größte Teil der
> Armen oder der Familien, die früher
> von ihrer Arbeit oder vom Klein-
> handel lebten, nun auf die Fürsorge
> angewiesen waren; und wären nicht
> ungeheure Summen Geldes von
> wohltätigen, gutmütigen Christen
> zur Unterstützung jener gegeben
> worden, hätte sich die City niemals
> erhalten können.
> *Daniel Defoe*, Die Pest in London[1]

Eine dreifache Antwort

Als Ereignis erinnert die Coronakrise an die Kreise, die ent-
stehen, wenn man einen Stein ins Wasser wirft.[2] Dem ersten
Kreis entsprechen die unmittelbaren Folgen der Pandemie:
Angst, Krankheit, Tod. Der zweite steht für die verschiedenen Gegenmaßnahmen, unter anderem das Schließen von
Grenzen. Dem dritten Kreis entsprechen die wachsende Arbeitslosigkeit und schrumpfende Volkswirtschaften, dem
vierten und letzten die geopolitischen Auswirkungen. Wie
Großmächte während einer solchen Krise auf der Weltbühne
agieren – was unter anderem von den Erfolgen bei der Bekämpfung der Pandemie im eigenen Land abhängt –, kann
die weltweiten Kräfteverhältnisse auf Jahre, wenn nicht Jahrzehnte hinaus verändern.

Eine Chronik der europäischen Antwort auf die drei ersten Folgen der Pandemie – die Auswirkungen auf die Gesundheit der Bevölkerung, ihre Bewegungsfreiheit und das

Wirtschaftsleben – wird deutlich machen, wie Ereignispolitik im Wesentlichen funktioniert. Der letzte Kreis, die geopolitischen Folgen, verdient eine gesonderte Analyse im fünften Kapitel. Angesichts der nie dagewesenen Probleme, mit denen die Pandemie die Politik konfrontiert, ist es in der Regel wenig sinnvoll, Gesundheit, Bewegungsfreiheit und Wirtschaft unabhängig voneinander zu betrachten. Unter dem Aspekt der Ereignispolitik bekommt man jedoch das schärfste Bild, wenn man jedes dieser Gebiete einzeln untersucht. Um die Herausforderungen für die Gesundheitssysteme zu bewältigen, kann die Union, schlecht gerüstet, wie sie ist, kaum mehr tun als improvisieren. Mit Grenz- und Finanzpolitik hat sie in früheren Krisen bereits Erfahrungen gesammelt, weshalb man von ihr auf diesen Gebieten ein schnelleres und angemesseneres Handeln erwarten darf.

Jede Regierung ist für den Schutz der Gesundheit der eigenen Bürger verantwortlich. Für die Union ist das der Ausgangspunkt. Was die Coronakrise politisch so spannend macht, ist die Tatsache, dass zuerst die Öffentlichkeit die Bekämpfung der Pandemie als europäische *res publica* betrachtet hat – wegen der raschen grenzüberschreitenden Ausbreitung des Virus, der desaströsen Auswirkungen der Lockdowns auf die Wirtschaft und der beängstigenden Bedrohung für die Gesundheit aller. Mich interessieren deshalb die kleinen und großen Durchbrüche bei der politischen Anerkennung der Coronakatastrophe als europäische öffentliche Angelegenheit.

Sicher

Ereignispolitik beginnt mit der Fähigkeit, Gefahren zu erkennen und ihre möglichen Folgen richtig einzuschätzen.

Am 24. Januar 2020 meldete Frankreich die ersten drei Fälle der neuen Zoonose in Europa, alle im Zusammenhang mit Chinareisen. Wenige Tage später wurden erste Erkrankungen bei einem deutschen Automobilzulieferer bekannt. Besonderen Tatendrang oder gar Panik in Verwaltung und Politik lösten diese Meldungen nicht aus. Das Europäische Zentrum für die Prävention und die Kontrolle von Krankheiten, die zuständige Agentur der Union mit Sitz im schwedischen Solna, erklärte einen Tag später: »Obwohl vieles im Zusammenhang mit NCoV-2019 noch unklar ist, verfügen europäische Länder über die Kapazitäten, die notwendig sind, um einen Ausbruch zu vermeiden und ihn zu beherrschen, sobald Fälle entdeckt werden.« Der Präsident des maßgebenden Robert Koch-Instituts in Berlin bezeichnete die Gefahr für die Bevölkerung im deutschen Fernsehen als »sehr gering«. Mit diesen beruhigenden Äußerungen folgte man der Einschätzung der Weltgesundheitsorganisation – die sich auf Daten aus China stützte und an der die Organisation lange festhielt –, dass es »keine oder nur sehr begrenzte Übertragung von Mensch zu Mensch« gebe.

Unterdessen ergriff Peking entschiedene Maßnahmen. Bereits am 22. Januar, kurz vor dem chinesischen Neujahrsfest, war der Seuchenherd Wuhan abgeriegelt worden. Außerdem verblüffte China die Welt durch die blitzschnelle Errichtung eines Nothospitals mit tausend Betten. Es waren eindrucksvolle Bilder, die sich in den sozialen Medien verbreiteten. Bezeichnenderweise sah die europäische Öffentlichkeit in dieser Ehrfurcht gebietenden Tatkraft vor allem asiatischen Kollektivismus und Bienenfleiß, nicht die Antwort auf eine Katastrophe, die jederzeit Europa erreichen konnte.

Alarmsignale wurden kaum beachtet. Zwar nahm die Besorgnis unter Gesundheitsexperten in den Behörden schnell zu, vor allem, als die WHO die Ausbreitung der Seuche zur »internationalen Notlage« erklärte; Warnungen von Experten oder Entscheidungsträgern, die Erfahrungen mit Epidemien der jüngeren Vergangenheit wie etwa Sars gesammelt hatten, erreichten auch die Gesundheitsminister – als Erste unter den politisch Verantwortlichen. Doch sie setzten diese Warnungen nicht in deutliche Handlungsempfehlungen für ihre Regierungen oder die Öffentlichkeit um.

Typisch ist die halbherzige Reaktion im Rat der siebenundzwanzig Gesundheitsminister. Sie haben kaum gemeinsame Projekte oder Verantwortlichkeiten (anders als ihre Agrar- oder Finanzkollegen), da Gesundheit ja formal eine *nationale* Angelegenheit ist. Entsprechend locker ist die Zusammenarbeit; für das bisschen europäische Koordination reicht ein halbjährlicher Termin. Dass die Minister überhaupt am 13. Februar zu einer Sondersitzung zusammenkamen, zeigte, dass etwas Besonderes geschehen war, das alle anging.[3] Doch von ihrem Treffen, der ersten sichtbaren politischen Reaktion der Union auf die Epidemie, ging kein Signal der Dringlichkeit aus.

Schon die Vorbereitung verlief chaotisch. Der kroatische Minister, dessen Land in diesem Halbjahr die Ratspräsidentschaft innehatte, war erst seit zwei Wochen im Amt, da Premierminister Andrej Plenković seinen Vorgänger Ende Januar entlassen hatte. Forderungen nach raschen Konsultationen – aus Brüssel von Gesundheitskommissarin Stella Kyriakides, aus Rom von Minister Roberto Speranza, aus Paris von Agnès Buzyn und ihrem deutschen Amtskollegen Jens

Spahn[4] – stießen in Zagreb auf taube Ohren.[5] Auch die harmlose Erklärung der siebenundzwanzig Minister verrät nichts von einem Bewusstsein der Dringlichkeit. Der Schwerpunkt liegt auf der Welt außerhalb Europas: Hilfe für China und andere von der Seuche heimgesuchte Länder, dazu Maßnahmen, die den internationalen Flugverkehr betrafen, und diese beschränkten sich auf freiwillig auszufüllende Fragenlisten für Passagiere aus China. Im Hinblick auf die internen Vorbereitungen teilte die deutsche Leiterin der EU-Agentur zur Kontrolle übertragbarer Krankheiten den versammelten Ministern mit, dass die Testkapazitäten für einen eventuellen Ausbruch voll und ganz ausreichen würden. Nur wenige Medien berichteten über die Sitzung.

Unterschätzt wurde die Seuche von den Verantwortlichen fast überall auf der Welt, doch besonders in Europa. Für die europäische Öffentlichkeit waren Seuchen entweder Geschichte (die mittelalterliche Pest, die Cholera, die Spanische Grippe) oder etwas »Exotisches« (Lepra und Ebola in Afrika; Sars, Mers und diesmal eben Covid-19 in Asien).[6] Dies erklärt, warum ausgearbeitete Szenarien für einen dramatischen Ausbruch, die in zahlreichen Ministerien und auch Denkfabriken bereitlagen, nicht in Maßnahmen umgesetzt wurden. Und es erklärt, dass Hilfe für das Ausland der erste Reflex war; damit hatten Öffentlichkeit und Politik bereits Erfahrung.

In der Brüsseler Binnenwelt herrschte die gleiche Unbesorgtheit, dort kam aber erschwerend hinzu, dass es andere Krisen gab, die noch nicht ausgewütet hatten oder deren Folgen noch nicht bewältigt waren. In der Ökonomie der Medienpolitik absorbieren laufende Entwicklungen und bekannte Handlungsstränge die meiste Aufmerksamkeit. Ende Januar, als Gesundheitskommissarin Kyriakides und der Kommissar für humanitäre Hilfe und Krisenschutz, Janez

Lenarčič, die Aktivierung eines internen Krisenmechanismus bekanntgaben, saß kaum jemand im Saal; das Brüsseler Pressekorps war ganz durch den nahenden Brexit in Anspruch genommen. Mitte Februar war es der Haushaltsgipfel der Regierungschefs, der Vorbetrachtungen, Berichte und (hinterher) Erklärungen für sein ruhmloses Scheitern notwendig machte. Anfang März, als Corona Italien schon mit aller Härte traf, ließ der türkische Präsident Erdoğan syrische und afghanische Flüchtlinge mit Bussen an die westliche Landesgrenze bringen. Die Präsidenten des Europäischen Rates, der Kommission und des Parlaments, Charles Michel, Ursula von der Leyen und David Sassoli, eilten am 3. März in Begleitung des griechischen Ministerpräsidenten Kyriakos Mitsotakis und mit einem Pressetross im Schlepptau zur griechisch-türkischen Grenze. Hellas, so verkündete von der Leyen martialisch, sei »der europäische Schild«. Kämpfer eines vergangenen Krieges.

Weit weg schien das Virus keine Gefahr zu sein, vor der Tür ebenso wenig und auch nach seinem Eindringen zunächst nicht. Erst als NCoV-2019 tat, worauf die Corona-Familie sich seit Jahrtausenden spezialisiert hat, nämlich sich in hohem Tempo zu vermehren, als europaweit der Karneval mit Umzügen, Fress- und Sauforgien, Skiurlauben, Fußballspielen (Atalanta Bergamo vs. Valencia: eine »biologische Bombe«, wie der Bürgermeister der norditalienischen Stadt später zugeben sollte) und anderen großen und kleinen Verbreitungsfesten für einen exponentiellen Anstieg der Fallzahlen sorgte, ja, dann traten die Behörden in Aktion.

Am Sonntag, dem 23. Februar werden in Norditalien elf Gemeinden abgeriegelt; Bergamo wird nun das »italienische Wuhan« genannt. In den regionalen Krankenhäusern greift das Chaos um sich; es gibt zu wenig Beatmungsgeräte, Ärzte und Pflegerinnen werden »wie Feuerwehrleute im Pyjama zum Löschen geschickt«,[7] Menschen sterben auf den Fluren. Am 28. Februar bittet Rom auf offiziellem Weg seine europäischen Partner um Hilfe.

In Atemnot

In dem Moment, als Italien SOS funkt – es bittet um Masken, Schutzkleidung, Beatmungsgeräte –, erst in diesem Moment wird den anderen Mitgliedstaaten klar, dass diese Katastrophe auch sie treffen kann, und zwar jederzeit. Nun bricht in Politik und Verwaltung Panik aus. Plötzlich ist Covid-19 keine exotische Krankheit mehr, sondern so nah, dass man die nach Atem ringenden Nachbarn ihrem Schicksal überlässt. Man muss *jetzt* handeln, um selbst zu überleben. Es ist eine allgemeine Mobilmachung.

Am 3. März beschlagnahmt die französische Regierung alle Vorräte an Masken und anderer Schutzausrüstung sowie deren Produktion auf französischem Territorium; für Desinfektionsmittel wird eine Preisobergrenze festgelegt. Daraufhin untersagt Deutschland die Ausfuhr dieser Produkte, auch in die übrige Europäische Union. Klare Verstöße gegen die Regeln durch die zwei mächtigsten Mitglieder des Clubs. Danach gibt es kein Halten mehr, nun heißt es: jeder für sich.

Drei Tage später, bei einer Dringlichkeitssitzung in Brüssel, streiten die Gesundheitsminister über den Zugang zu Schutzausrüstung. Und nun interessiert sich auch die Presse dafür. Die belgische Ministerin Maggie De Block, deren Land auf Importe angewiesen ist, beklagt einen »groben« Verstoß gegen das Gebot der Solidarität, »unvereinbar mit dem europäischen Geist«.[8] Thierry Breton, Kommissar für Binnenmarkt und Dienstleistungen, rügt Paris und Berlin im Namen der Kommission. Der deutsche Gesundheitsminister Jens Spahn, derart angegriffen, verweist auf die hohe Ansteckungsrate in seinem Land, erklärt sich aber bereit, das Ausfuhrverbot zu revidieren, sofern die Kommission europaweit die Ausfuhr in die übrige Welt untersagt. Sein neuer französischer Amtskollege Olivier Véran relativiert Frankreichs harte Nationalisierungsmaßnahmen, sagt jedoch keinem anderen Mitgliedsland Lieferungen zu. Corona ist eine öffentliche Angelegenheit, aber eine französische.[9]

Auch zehn Tage nach seinem Hilferuf hat Italien noch keine medizinischen Hilfsmittel aus der Union empfangen, beklagt der italienische EU-Botschafter in einem Artikel für *Politico*: »Nur China hat bilateral zugesagt. Das ist gewiss kein gutes Zeichen für die europäische Solidarität.«[10] Dennoch bleiben Frankreich, Deutschland und Tschechien einige Stunden später beim Videogipfel der Regierungschefs – dem ersten überhaupt – bei ihrem Ausfuhrverbot. Erst am 15. März, nach »intensiven Gesprächen« zwischen der Kommission, Paris und Berlin, kommt die Lieferung von medizinischem Material nach Italien in Gang, wie Kommissar Breton via Twitter erleichtert mitteilt. Doch der Schaden ist angerichtet. Europäische Solidarität existiere nur auf dem Papier, schließen Presse und Öffentlichkeit.

Ehre und Selbstachtung der Union als Solidargemeinschaft werden in jenen Tagen durch örtliche und regionale Initiativen gerettet. In Grenzregionen nehmen Intensivstationen Covid-Patienten aus überlasteten Einrichtungen in benachbarten Ländern auf. 11 italienische Patienten werden in Österreich, 85 in Deutschland untergebracht. Aus niederländischen Krankenhäusern werden 58 Patienten in den Westen Deutschlands verlegt, Patienten aus dem stark betroffenen Osten Frankreichs nach Luxemburg (11), Deutschland (130) und Österreich (3). Auch Tschechien, kein Nachbar, erklärt sich bereit, französische Patienten aufzunehmen. Ärzte und Pflegepersonal aus Rumänien helfen in Mailand und Bergamo. Europäische Solidarität ohne zentrale Lenkung und institutionelle Form.

Oder kann »Europa« doch etwas tun, selbst handeln, die Rolle des nur rügenden und mahnenden Schiedsrichters hinter sich lassen und aktiv in den Kampf um die rettenden Masken eingreifen? Das ist der andere Weg, den die Kommission nach dem italienischen Notsignal in einem Anflug von regelpolitischem Übermut einschlägt. Über Reserven und Fabriken verfügt die Union als solche nicht, ihr bleibt also nur die Beschaffung durch Kauf. Am 28. Februar veröffentlicht die Kommission eine Ausschreibung für Masken und andere Schutzausrüstung; in dem beschleunigten Verfahren haben Hersteller sechs Tage Zeit, sich zu beteiligen. Doch *kein einziges* Unternehmen macht ein Angebot. (Wenig später, am 12. März, landet in Rom ein chinesisches Transportflugzeug mit dreißig Tonnen medizinischem Material »Made in China«.)

Am 17. März versucht es die Kommission mit einer zweiten Ausschreibung, für Handschuhe, Masken, Brillen und Schutzanzüge. Eine Woche später meldet von der Leyen stolz einen Erfolg: Es seien genug konkrete Angebote eingegangen, um bald alle interessierten Mitgliedstaaten mit dem benötigten Material zu versorgen. Das sei »gelebte europäische Solidarität«, offensichtlich lohne es sich, ein Mitglied der Union zu sein. Italien, Spanien, ihr hattet es schwer, doch jetzt wird Europa eure Not lindern![11] Allerdings fahren die Lastwagen nicht sofort. Denn es gibt sozusagen auch Kleingedrucktes: Das Material wird innerhalb von zwei Wochen nach der Unterzeichnung der Verträge mit den Produzenten ausgeliefert werden (abhängig von »den Produktionskapazitäten der Hersteller und der erforderlichen Lieferzeit sowie von den Spezifikationen der Verträge«, wie es in einer Fußnote zur Pressemitteilung heißt). Allerfrühestens Mitte April also. Gemessen an bürokratischen Maßstäben äußerst flott, aber quälend langsam in einer Krise auf Leben und Tod. Das *muss* schneller gehen, sagen die Regierungschefs am 26. März gegenüber von der Leyen.[12] Sie spüren im eigenen Land die Atemnot der Krankenhäuser. Pflegeheime hat man noch nicht wirklich auf dem Radar.

In der Pandemie gelten die Gesetze der Kriegswirtschaft, nicht der Marktwirtschaft. Plötzlich gibt es keinen Markt für Schutzmasken oder Testeinheiten mehr, auf dem man etwas in üblicher Weise beschaffen könnte. Nicht das Verhältnis zwischen Nachfrage und Angebot, ausgedrückt im Preis, bestimmt, wer was bekommt, sondern Machtverhältnisse, die Fähigkeit des jeweiligen Staates, zu beschlagnahmen, selbst zu produzieren, notfalls zu stehlen; oder, in einer halb marktkonformen Variante: mit sanftem Druck direkte Kontakte zwischen Industrie und Abnehmern zu arrangieren. Der amerikanische Präsident Trump (der sich auf ein Gesetz aus dem Koreakrieg beruft, um General Motors zur Produktion von Beatmungsgeräten zu zwingen) erkennt das sofort, ebenso sein französisches Gegenstück Macron. Xi in Peking und Putin in Moskau arbeiten sowieso auf diese Weise. Auch wer sich solche machtpolitische Grobschlächtigkeit nicht erlauben kann oder will, muss für etliche Millionen Schutzmasken mehr tun, als ein wohlformuliertes Inserat aufzugeben. Was im Frühjahr 2020 vom Markt für medizinische Schutzausrüstung übrig ist, ist ein Dschungel mit nächtlichen Deals und Erpresserpreisen.

Während die Mitgliedstaaten, als sie der Gefahr für die Gesundheit ihrer Bevölkerung in den Rachen schauen, schneller zu handeln beginnen und den politischen Druck erhöhen, fehlt den Brüsseler Institutionen die Fähigkeit zu einer solchen Kehrtwende. An und für sich ist das nicht schlimm. Es hat aber ernste Folgen, wenn die Spezialisten für Regeln, Kriterien und Austarierungen glauben, sie könnten mit Asylquoten eine Flüchtlingskrise wegquantifizieren, wie fünf Jahre zuvor, oder mit Ausschreibungsverfahren eine akute Pandemie wegregeln. Solch regelpolitische Hybris führt in der Praxis nur zu Debakeln und – vor allem, wenn man als Retter in der Not posiert – zu Vertrauensverlust in der Öffentlichkeit.

Vorräte und Impfstoffe

Planen und Programme entwerfen liegt der Kommission eher als das Handeln in einem von Panik beherrschten Hier und Jetzt. Schnell hat sie aus der Katastrophe Lehren für die Zukunft gezogen. Atemnot wegen eines Mangels an medizinischer Ausrüstung – nie wieder! Folglich müssen Vorräte angelegt werden, Reserven für einen möglichen nächsten Schlag. Der erste Beschluss liegt bereits am 19. März vor.[13]

Von Getreidespeichern im alten Ägypten bis zu römischen Wassertürmen: Strategische Reserven sind *res publica* in reinster Form, materielle Monumente der öffentlichen Angelegenheit. Aber wie funktioniert das Anlegen solcher Reserven praktisch? Die Europäische Union ist kein Staat, die Kommission keine föderale Regierung – anders als das in den fünfzig vereinigten Staaten sichtbar gegenwärtige Federal Government. Die gemeinsame Verantwortung nimmt in vielsagenden Zwischenformen – im Zusammenspiel zwischen Brüssel und Mitgliedstaaten, an der Grenze von Regel- und Ereignispolitik – Gestalt an.

Die neue Reserve der Union an medizinischer Ausrüstung (Beatmungsgeräte, Schutzausrüstung, Labormaterial) wird von Mitgliedstaaten angelegt und verwaltet. Deutschland und Rumänien melden sich als Erste. Sie lagern die Vorräte und sind verantwortlich für Ausschreibungen, Ankauf und Verteilung. Die Kommission wiederum finanziert das Ganze. Die Aktion wird mit einem Budget von fünfzig Millionen Euro gestartet.

Die Rolle des Finanziers ist eine bescheidene, aber keine überflüssige. Aus dem Unionshaushalt bezahlt die Kommission seit dem Ausbruch der Pandemie auch dringend notwendige Transporte von medizinischen Gütern, Personal oder Patienten. Es ist ein neues Finanzierungsinstrument, mit dem die im Frühjahr demonstrierte Solidarität zwischen Krankenhäusern der Grenzregionen eine offizielle Form erhält. Eine Rollenverteilung wie diese ist auf die konstitutionellen Verhältnisse der Union zugeschnitten. Doch die Hebelwirkung des Geldes ist begrenzt. Strategische Reserven sind für Krisenzeiten da, und gerade dann, das zeigt die Schlacht um die Schutzmasken, bekommt man mit Geld allein nicht alles geregelt.

Wie der Covid-Ausbruch eine weltweite Jagd auf medizinische Schutzausrüstung entfesselt hat, so investieren die Staaten auch hohe Summen in die Entwicklung eines Impfstoffs – er bietet die besten Aussichten auf eine Erlösung von der Pandemie, ist aber auch ein Machtfaktor, der wiederum zum Objekt schmutziger Geschäfte und zum Instrument medizinischer Geopolitik werden wird.

Auch an dieser Front vertraut die Union auf ihre finanzielle Schlagkraft. Nicht ohne Erfolg: Eine im Mai nach einem Aufruf der WHO von der Kommission organisierte Geberkonferenz bringt Zusagen in Höhe von fast sechzehn Milliarden Euro. Drei Viertel stammen aus öffentlichen Etats in der Europäischen Union, sowohl von Regierungen als auch von Institutionen der Union selbst. Die Entwicklung eines Impfstoffs ist Aufgabe kommerzieller pharmazeutischer Labors, doch über spezielle Vereinbarungen mit den Unternehmen – Abnahmegarantien für den Erfolgsfall, damit die Firmen die nötigen Investitionen tätigen – nehmen die Regierungen und Brüsseler Institutionen unmittelbar Einfluss auf die Entwicklung jener Mittel, die die Gesundheit der Öffentlichkeit schützen sollen. *Res publica.*

Gesundheit ist außerdem ein öffentliches Gut der gesamten Welt, meinen zumindest führende europäische Politiker. Während China und die Vereinigten Staaten in medizinischen Gütern auch geostrategische Druckmittel sehen, versprechen Merkel, Macron, von der Leyen und ihre Kollegen ausdrücklich, dass alle Zugang zu einem Impfstoff bekommen werden. Einträchtig muss die Welt das Virus niederkämpfen und Leben retten. Nach den beschämenden Frühjahrswochen, in denen die europäische Öffentlichkeit zusehen musste, wie China und Russland, ja, sogar Venezuela und Kuba den schwer heimgesuchten Italienern und Spaniern zu Hilfe kamen, findet die Union in ihre geliebte Rolle der Geberin und Wohltäterin zurück. Ein Glücksmoment.

Doch hier gilt ebenfalls, dass nicht nur Geld, sondern auch Macht und Handlungsfähigkeit vonnöten sind, um Resultate zu erzielen. Schon zu Beginn der Pandemie mussten Paris und Berlin das schmerzhaft erfahren. Im März wurde berichtet, dass Washington sehr viel Geld für das deutsche Unternehmen Curevac bot, sofern es den erhofften Covid-Impfstoff exklusiv für die Vereinigten Staaten produzieren würde. Wirtschaftsminister Peter Altmaier reagierte scharf: »Deutschland steht nicht zum Verkauf.«[14] Einige Monate später erwarb die Bundesregierung bedeutende Anteile an der Firma, um sie gegen Übernahmen aus dem Ausland zu schützen – ein bemerkenswerter Schritt in Richtung medizinischer Geopolitik.[15] In Frankreich kam der Schock im Mai 2020, als einer der Chefs des Konzerns Sanofi – Frankreichs ganzer Stolz auf dem Gebiet der Pharmazie – erklärte, ein möglicher Covid-Impfstoff werde aus Finanzierungsgründen zunächst an die Vereinigten Staaten geliefert. Präsident Macron, fuchsteufelswild, bestellte die Unternehmensführung in den Élysée-Palast.[16]

Für den Impfstofferwerb bündeln Deutschland und Frankreich ihre Kräfte, Italien und die Niederlande beteiligen sich. Die vier Gesundheitsminister unterzeichnen Anfang Juni 2020 eine Vereinbarung über eine »Europäische Allianz für Impfstoffentwicklung«. Kurz danach melden sie eine Einigung mit dem schwedisch-britischen Unternehmen Astra-Zeneca über die Lieferung von drei- bis vierhundert Millionen Dosen, wenn möglich ab Ende 2020.[17] Ein schöner Erfolg also, doch man hört vor allem Kritik. Kommissionspräsidentin von der Leyen ist sehr ungehalten über das Timing, stand sie doch kurz davor, selbst eine »EU-Impfstrategie« vorzustellen. Die belgische Gesundheitsministerin De Block bezeichnet die Initiative als »unvernünftig«, sie werde »alle schwächen«.[18] Auch andere Mitgliedstaaten klagen über die »Soloaktion« der vier; nach entsprechenden Berichten in der niederländischen Presse schreckt Den Haag vor weiterem Engagement zurück. Über die eine Investition hinaus unternimmt die Allianz zunächst nichts mehr. Ministerpräsident Rutte versucht, die Kritiker zu beschwichtigen: Die Initiativen würden miteinander verflochten. Synergie, wie schön.

Dieser kleine Konflikt offenbart ein Spannungsverhältnis in der europäischen Ereignispolitik: zwischen der *Handlungsfähigkeit*, die vor allem bei den Mitgliedstaaten gegeben ist, und der *Legitimität*, die nur die Institutionen der Union für das Ganze beanspruchen können. Beim Impfstoffquartett hatte der Schutzmaskenflop die Skepsis genährt, ob die Kommission wohl in der Lage sein würde, rechtzeitig einen Impfstoff zu sichern. Die vier hatten ihre Initiative europäisch eingebettet, so gut es nur ging: Sie hatten die Tür für die anderen offengehalten, Brüssel einbezogen und außerdem versprochen, dass die erwarteten Impfstoffdosen »der europäischen Bevölkerung« zukommen würden und nicht vorzugsweise den eigenen Bürgern. Aber auch das reichte nicht. Die Kommission fühlte sich in ihrer Ehre gekränkt; das Misstrauen anderer Mitgliedstaaten war geweckt. Vielleicht wird es Zeit für einen entspannteren Blick auf das Zusammenspiel zwischen den Regierungen und den Institutionen der Union, auf das, was die Bundeskanzlerin ein Jahrzehnt zuvor auf den Namen »Unionsmethode« getauft hat.

Letztlich stimmten alle zu, diese wichtige Aufgabe der Kommission anzuvertrauen, weil niemand die zwischenstaatlichen Spannungen des Frühjahrs noch einmal erleben wollte. Am 31. Juli verkündet die Kommission eine Einigung mit Sanofi und bestellt dreihundert Millionen Impfdosen. Produziert werden sollen sie in Europa, vor allem in Frankreich, Deutschland, Italien und Belgien.[19] Auch dieser Deal zeigt, dass die Akteure dazugelernt haben: Was die Gesundheit der Bürger angeht, gewinnen sie Souveränität zurück, indem sie Dollar- und Pharmamacht ausbooten. Weitere Deals folgten in den Monaten danach.

So sehnt die europäische Öffentlichkeit im Herbst 2020 die Fertigstellung eines Impfstoffs herbei, der sie aus der Pandemie mit ihren Gefahren für Gesundheit und Wirtschaft erlösen soll, aber kaum vor dem Jahresende zu erwarten ist. Bis dahin mögen die Erinnerungen an den harten Kampf um Schutzmasken verblasst, die ersten Vorräte an Schutzausrüstung angelegt, die besten Vorsätze für eine solidarische Gesundheitspolitik feierlich ausgesprochen sein – aber man spürt schon bei der Verteilung eines Impfstoffs, der ja zunächst zwangsläufig *knapp* sein wird, dass es wieder zu einem harten Streit innerhalb der Union kommen könnte. Von den führenden Politikern darf man erwarten, dass sie dem vorbeugen und mögliche Spannungen zwischen den Mitgliedstaaten rechtzeitig unter Kontrolle bringen; die Entschuldigung mit dem Niedagewesenen wird kein zweites Mal ziehen.

Keine Herde

Eine besonders weitreichende gesundheitspolitische Entscheidung trafen europäische Gesellschaften sehr bald nach dem Ausbruch: die für den Lockdown. In Ermangelung eines Impfstoffs oder Medikaments muss das Virus mit »nichtpharmazeutischen« Mitteln, also durch Verhaltensänderungen, eingedämmt werden. Was Timing, Intensität und Überzeugung betrifft, gibt es Unterschiede, doch das Prinzip ist das gleiche: Einschränkung von Freiheiten, um einen Zusammenbruch des Gesundheitssystems zu verhindern. Italien stimmt auf das Kommende ein, sowohl mit den furchtbaren Bildern (Chaos in den Krankenhäusern) als auch mit der rigorosen Reaktion (am 9. März wird das ganze Land zur Sperrzone erklärt).

Zunächst suchen einige europäische Länder – allen voran das Vereinigte Königreich, aber auch die Niederlande und Schweden – einen Ausweg mit weniger drastischen Maßnahmen. Dahinter stecken zwei Gedanken: Erstens glauben britische Regierungsberater nicht, dass die Öffentlichkeit sehr strenge Regeln auf Dauer befolgen wird; sie fürchten *behavioral fatigue* und wollen deshalb nicht zu früh Beschränkungen erlassen. Zweitens wird in London und Den Haag die

These vertreten, dass es gar nicht notwendig sei, die Ausbreitung des Virus annähernd vollständig zu stoppen, weil infizierte Körper Immunität entwickeln. Deshalb reiche es aus, die Ausbreitungsgeschwindigkeit so zu begrenzen, dass die Krankenhäuser und insbesondere die Intensivstationen nicht überlastet würden. Doch die Hoffnung auf »Herdenimmunität« hält sich nicht lange. Mitte März berechnen Forscher des Imperial College in London, dass die Zahl der Todesfälle auch bei optimaler Bremsstrategie (*mitigation*) trotz möglicher Gruppenimmunität noch sehr hoch sein würde. Es würden bis zu acht Mal so viele Intensivbetten gebraucht, wie in den britischen Krankenhäusern zur Verfügung stehen, weshalb bis zu 260 000 Menschen sterben könnten. Deshalb raten die Wissenschaftler jedem Land, das dazu in der Lage ist, ganz auf die Unterdrückung des Virus zu setzen.[20] Nach dieser kalten Dusche vollzieht die britische Regierung eine Kehrtwende. Was bleibt, ist die Rosskur des Lockdown.

So haben alle europäischen Gesellschaften (mit einer Ausnahme: Belarus) dem maximalen Schutz von Menschenleben Priorität gegeben, zunächst ungeachtet der Folgen. Eine Entscheidung, die viel über die Werte des Kontinents sagt und die weitreichende Auswirkungen hat – auf die einzelnen Gesellschaften wie für die Union. Denn ganz gleich, auf welche Lockdown-Variante ein Land setzt, zig Millionen Menschen in ganz Europa müssen zu Hause bleiben, können nicht zu ihren Arbeitsstellen, können kein Geld in Läden oder Restaurants oder für Reisen ausgeben. So bringt die zahlreiche Länder erfassende Gesundheitskrise auch und nicht zuletzt eine Grenzkrise und eine Schuldenkrise. In der einen macht die Union stolpernd einige wichtige Entdeckungen, in der anderen wird sie sich transformieren.

Grenzen (23. Februar bis 1. September 2020)

Der Schlagbaum als Vorschlaghammer

Am 23. Februar, einem Sonntag, begann der Lockdown in elf norditalienischen Gemeinden. Schon am selben Abend stoppte Österreich einen Zug von Venedig nach München wegen eines Corona-Verdachts bei zwei Fahrgästen; für einige Stunden wurde die Grenze für Züge geschlossen. Am nächsten Morgen umzingelten französische Polizisten in Lyon einen Nachtbus aus Mailand, dessen Fahrer verdächtig hustete. Bereits am Montag fragten Journalisten in Brüssel nach der Vereinbarkeit solcher Maßnahmen mit »Schengen«. Grenzschließungen wegen Ansteckungsgefahr seien »unverhältnismäßig und ineffektiv«, urteilten die Gesundheitsminister von Italien und acht weiteren Ländern, die am 25. Februar in Rom tagten.[21] Die EU-Agentur zur Kontrolle übertragbarer Krankheiten und – eine Woche später – der Kommissar für humanitäre Hilfe und Krisenschutz stimmten ihnen zu.[22] Trotzdem häuften sich die Berichte über Ad-hoc-Corona-Kontrollen auf Flughäfen und an Grenzübergängen. Österreich meldete am 11. März als erster Mitgliedstaat die vorübergehende Schließung einer Landesgrenze wegen Corona, der zu Italien.

Der Donnerschlag kommt am 15. März mit der Ankündigung Deutschlands, die Grenzen zu Frankreich, Österreich, der Schweiz, Dänemark und Luxemburg zu schließen, und zwar ab dem folgenden Morgen. Eine bemerkenswerte Entscheidung. Sogar auf dem Höhepunkt der Flüchtlingskrise von 2015 hatte die Bundesrepublik, im Gegensatz zu vielen anderen Mitgliedstaaten, auf eine solche Maßnahme verzichtet; damals war gerade das Offenhalten der Grenzen eine Quelle des Stolzes für das Land. »Auf Wiedersehen Schengen«, titelt die italienische Wirtschaftszeitung *Il Sole 24 Ore* am nächsten Tag. Eine sechzig Kilometer lange Lastwagenschlange an der Grenze zu Polen – nach einer vergleichbaren Maßnahme Warschaus – macht großen Eindruck auf die deutsche Öffentlichkeit.

Innerhalb des Schengenraums können Mitgliedstaaten bei Gefahren für die öffentliche Sicherheit oder die Gesundheit der Bevölkerung ihre Grenzen schließen.[23] Selbstverständlich muss die Maßnahme verhältnismäßig und vorübergehender Natur sein, und das Land muss Beweise für ihre Notwendigkeit vorlegen, doch für eventuelle Fragezeichen fehlt im pandemischen Notstand die Geduld. Immerhin kann die Kommission die Maßnahmen ein wenig entschärfen. Am 16. März spricht sie sich für Ausnahmen für Grenzpendler und im Ausland gestrandete Bürger des eigenen Landes aus, drängt auf Offenhaltung der Grenzen für den Transport unverzichtbarer Güter (in erster Linie Medikamente und Lebensmittel) *und* schlägt die Schließung der europäischen Außengrenzen vor (»border-management«) – ein Vorschlag, dem die Regierungschefs bei ihrem Videogipfel am Folgetag zustimmen.[24] Vielleicht kann das Aussperren der Außenwelt helfen, die Willkür an den internen Grenzen zu überwinden.

Dennoch treffen die niedergehenden Schlagbäume die Union wie Hammerschläge; die Maßnahmen sind deutlicher sichtbar und haben einen höheren Symbolwert als der Kampf um die Masken. Denn während Tatenlosigkeit der Union beim Gesundheitsschutz formal zu billigen ist (weil ja bekanntlich die Kompetenzen fehlen), gilt dies nicht für den freien Personenverkehr, eine Errungenschaft, deren sich die Union gerne rühmt. Ein gefundenes Fressen für Journalisten, die aus der Wiederkehr der bewachten Binnengrenzen wie im Jahr 2015 voreilig den Schluss ziehen, das Ende von Schengen und der Union sei nah.[25] Im *Guardian* spricht ein junger italienischer Jurist, der sich in Spanien aufhält, vom »dystopischen« Ende des europäischen Traums: »Nach zwei Jahrzehnten nahezu uneingeschränkter, grenzenloser Bewegungsfreiheit haben Millionen von uns im Moment ein Gefühl der Entfremdung und des Verlusts.«[26]

Solchen Einschätzungen fehlt freilich der Sinn für die Verhältnismäßigkeit. In Italien und Spanien sind die Menschen im Frühjahr 2020 praktisch in ihren Häusern eingesperrt, in Frankreich dürfen sich Bürger nur innerhalb eines Radius von einem Kilometer um ihre Wohnung bewegen. Angesichts solcher Freiheitsbeschränkungen verblasst das Ungemach einer geschlossenen Landesgrenze. Als Notmaßnahme zum Schutz der Gesundheit sticht die (national beschlossene) Begrenzung der Bewegungsfreiheit das (europäische) Recht auf freien Personenverkehr zwischen Mitgliedstaaten aus. Bedauerlich für jene Bürger, die fast täglich Binnengrenzen überquert haben – und im Finanzhandelszentrum Luxemburg sind das mehr als im ausgedehnten und abgelegenen Finnland –, aber nicht das Ende der europäischen Zivilisation.

Ein Flickenteppich

Konnte die Union am Anfang kaum mehr tun, als der Dynamik des pandemischen Ereignisses zu folgen, bitten die Regierungschefs die Kommission schon bald, bei ihrer Videotagung am 26. März, um die Erarbeitung einer »Exit-Strategie«. Das Chaos der Grenzschließungen darf sich nicht wiederholen, zumindest die umgekehrte Bewegung soll besser koordiniert werden. Nach einem Zwischenbericht veröffentlicht Kommissionspräsidentin von der Leyen am 13. Mai eine Mitteilung zur schrittweisen Wiederherstellung der Bewegungsfreiheit und Aufhebung von Grenzkontrollen.[27]

Als sich die Situation in den Krankenhäusern mehr und mehr entspannt, suchen europäische Regierungen nach neuen Strategien, um zu einem besseren Gleichgewicht zwischen wirtschaftlichen Interessen und Gesundheitsschutz zu kommen. Zu welchem Preis für die Gesundheit dürfen Schulen, Büros, Sportstätten und Restaurants wieder geöffnet werden? Und zu welchem wirtschaftlichen Preis ist eine Gesellschaft bereit, die Ausbreitung des Virus einzudämmen? In der Grenzfrage steht man vor dem gleichen Dilemma: Geschlossene Grenzen sind teuer (und eine Beschränkung der Freiheit), bei offenen droht Kontrollverlust. Während der europäische Güterverkehr bald weitgehend von Grenzschließungen ausgenommen ist, bringt die Einschränkung des Personenverkehrs den Tourismus fast zum Erliegen. Die Umsätze der Tourismusbranche machen in der Union ein Zehntel des Bruttoinlandsprodukts aus, und jeder achte Arbeitsplatz steht mit dem Tourismus in Verbindung; im Süden, von der Pandemie besonders schwer getroffen, ist der Anteil noch höher. Das erste Ziel von Politikern und anderen Entscheidungsträgern besteht deshalb darin, wenigstens die Binnengrenzen wieder zu öffnen. »In diesem Sommer werden wir unter Europäern sein«, verkündet Präsident Macron Anfang Mai den Franzosen.

Für Touristen und andere Reisende hat sich die Karte Europas in einen Flickenteppich verwandelt – grün, gelb, orange, rot in fluktuierenden, virusabhängigen Mustern. Einige Mitgliedstaaten haben sämtliche Grenzen geschlossen, andere keine. Manche schreiben für Rückkehrer eine Quarantäne vor oder verlangen einen negativen Covid-Test, andere nicht. Mitgliedstaaten im Osten, die das Virus während der ersten Welle besser im Griff haben, tun sich zu kleinen

Gruppen mit offenen Binnengrenzen zusammen. Von Mitte Mai an bilden Estland, Lettland und Litauen für ihre Bürger eine »baltische Reise-Bubble«; Anfang Juni schließt Polen sich an.[28] Doch wer einschließt, schließt auch aus. Dänemark und Norwegen öffnen zum 1. Juni ihre Grenzen füreinander, heißen ihren bei der Pandemiebekämpfung laxen Nachbarn Schweden aber ausdrücklich nicht willkommen; der schwedische Außenminister bedauert diese »politische Entscheidung«.[29] Ende Mai kündigt Griechenland, begierig auf Touristen, die Öffnung der Grenzen für Bürger aller Mitgliedsländer zum 15. Juni an, außer für Bürger Italiens und Spaniens – worauf der italienische Außenminister Luigi Di Maio wütend erklärt, sein Land wolle nicht als »Aussätzigenkolonie« behandelt werden.[30]

Diese Entscheidungen und Konflikte stellen die Brüsseler Doktrin des freien Personenverkehrs auf die Probe. Erstens wird das Grundprinzip der Nichtdiskriminierung vielfach missachtet. Der Kommission wäre es am liebsten, wenn Grenzschließungen entweder für Bürger aus allen anderen Mitgliedstaaten gelten würden (wenn sie denn unbedingt nötig sind) oder überhaupt nicht für Bürger der Union; dann würde niemand diskriminiert. In der Praxis hat man es jedoch mit einer chaotischen Zwischenvariante zu tun: Länder öffnen ihre Grenzen für Bürger aus *bestimmten* Mitgliedstaaten oder Regionen. Auch das ist hinnehmbar, solange es aufgrund epidemiologischer Kriterien geschieht; störend ist aber, dass außerdem die Geografie ins Spiel kommt. Zur Erweiterung der »baltischen Reise-Bubble« bemerkt der estnische Außenminister Urmas Reinsalu trocken: »Wie ein Blick auf die Landkarte zeigt, ist Polen für unsere Bürger eine wichtige Durchgangsroute.«[31] Während die Brüsseler Regelfabrik von jeher die besondere räumliche Lage und historische Erfahrung der einzelnen Mitgliedstaaten möglichst wegdenkt, kommt die Geografie nun dank Corona zu einer kleinen Revanche.

Zweitens rüttelt die Pandemie an der heiligen Vierfaltigkeit der Bewegungsfreiheiten – von Gütern, Kapital, Dienstleistungen und Personen. Wegen seiner wirtschaftlichen Bedeutung bekommt der Gütertransport schnell wieder grünes Licht, während der Personenverkehr wegen der größeren Gefahren für die Gesundheit stark eingeschränkt wird. (Digitaler Kapitalverkehr bringt natürlich keine Ansteckungsgefahr mit sich, und über Dienstleistungen wird gar nicht gesprochen.) In der gegebenen Situation ist das ein sinnvoller Kompromiss, unterstützt durch die Kommission. Dennoch dürfte man in London die Stirn gerunzelt haben. Hiermit verleugnete die Union nämlich einen Grundsatz, auf dem sie vor und nach dem britischen Referendum von 2016 beharrt hatte: dass die vier Freiheiten untrennbar miteinander verbunden seien, ein Grundpfeiler Europas als Zivilisation, und eine Ausnahme beim Personenverkehr deshalb nicht möglich sei. Und nun zeigte sich, ironischerweise zwei Monate nach dem britischen Austritt: Sie ist doch möglich.[32]

In der Brüsseler Innenwelt reagiert man mit alten Reflexen auf die pandemischen Grenzblockaden. Das wichtigste Tabu aus den Gründerjahren ist berührt. Wie selbstverständlich assoziiert man mit der Wiedereinführung von Grenzkontrollen die drohende Rückkehr von Krieg und Diktatur. So erklärt die Kommissarin für Inneres, die Schwedin Ylva Johansson, Anfang Mai vor dem Europäischen Parlament: »Wir erleben eine Reise mit einer Zeitmaschine in eine ferne und dunkle Vergangenheit. Wir müssen nun schnell zurück in die Zukunft. Zurück zur Normalität, sobald die Gesundheitssituation es zulässt.«[33] Die Grenze als Relikt. Als Vorsitzender des Vorläufers der Kommission bekam Jean Monnet 1953 den ersten *europäischen* Laissez-passer ausgehändigt;

während der Zeremonie in Luxemburg bat er einen Mitarbeiter um seinen französischen Reisepass und sagte: »Den werden wir jetzt verbrennen.«[34] Das war damals. Mittlerweile wissen wir, dass die Staatsgrenzen auch nach siebzig Jahren europäischer Integration nicht zu bedeutungslosen Linien auf der Landkarte geworden sind, sondern eine der Grundlagen für die praktische und symbolische Organisation des politischen, wirtschaftlichen und sozialen Lebens der Mitgliedstaaten bleiben. Dessen sollten wir uns unbedingt bewusst sein.

Mitte Juni werden die meisten Binnengrenzen in der Union wieder geöffnet; als eine der letzten, zwei Wochen später, die zwischen Portugal und Spanien. Am 1. Juli wird die Öffnung in den Grenzstädten Badajoz (Spanien) und Elvas (Portugal) mit einer Zeremonie gefeiert, die der spanische König Felipe VI. leitet und an der neben dem portugiesischen Präsidenten Marcelo Rebelo de Sousa auch die Ministerpräsidenten beider Länder, Pedro Sánchez und António Costa, teilnehmen; man speist auf spanischer Seite zu Mittag und nimmt später noch Drinks in Portugal.

Doch im Europa des Sommers 2020 sind die wiedergewonnene und gefeierte Einheit und Bewegungsfreiheit nur von kurzer Dauer. Während sich die Warnung vor *behavioral fatigue* zu Beginn des Lockdowns noch als gegenstandslos erwiesen hatte – das Zusammenspiel von Appellen an individuelle Moral, Bürgersinn und Angst war stärker, als in den verhaltenswissenschaftlichen Modellen berechnet –, macht sich dieses Phänomen nun doch bemerkbar. Im Herbst steigt die Ansteckungsrate wieder an, immer dort, wo sich zu viele Menschen ohne Schutzmaßnahmen zu nahe kommen.

Zu den erfolgreichsten Improvisationen während der Krise, ganz zu Anfang, zählte das Heimholen von Bürgern, die in anderen Teilen der Welt gestrandet waren. Für Länder wie Deutschland oder die Niederlande galt der Grundsatz: Wenn wir eigene Bürger aus Indien oder Australien abholen, können wir auch ein paar Italiener oder Slowenen mitnehmen. Dafür brauchte man keine Flugzeuge der Union, aber gegenseitige Information plus ein wenig Geld und guten Willen.[35] Dank gemeinsamer diplomatischer und logistischer Anstrengungen, koordiniert durch eine schnell geschaffene Taskforce des diplomatischen Dienstes der Union, wurden in den ersten Wochen mehr als eine halbe Million Unionsbürger nach Hause gebracht, angesichts der weltweit geltenden Reiseverbote eine gewaltige Leistung. Gemeinsam bewies man Handlungsfähigkeit, als es darauf ankam – dieses eine Mal war Eigenlob nicht unberechtigt: Die Hilfsbereitschaft der Union war ein deutliches Signal an *alle* Bürger.

Das Offenhalten der Binnengrenzen, auf das alle so großen Wert legten, erzwang eine gemeinsame Haltung gegenüber der Außenwelt. Theoretisch ist das ein naheliegender Schluss; in der Pandemie wurde trotz starken Gegendrucks erstmals erkennbar danach gehandelt.

Der Lackmustest war der Umgang mit den Vereinigten Staaten, dem Herkunftsland von jährlich mehreren Millionen Geschäftsleuten und Touristen, aber mit völlig chaotischer Pandemiebekämpfungspolitik. Die europäische Öffentlichkeit war schwer beleidigt, als Präsident Trump am 12. März unversehens allen Reiseverkehr mit dem Schengenraum verbot. Wenige Monate später waren die Rollen vertauscht. Europa hatte die Pandemie, wie China und andere asiatische Länder, (zumindest vorläufig) unter Kontrolle, während sie sich in den USA weiter in hohem Tempo ausbreitete. Am 1. Juli öffnete die Union – zwei Wochen nach den Binnengrenzen – ihre Außengrenzen für Bürger einer ersten Gruppe von Ländern, doch die Vereinigten Staaten gehörten nicht dazu. Die *New York Times* schrieb, dieses Einreiseverbot sei »ein Schlag für Amerikas Prestige in der Welt«.[36] Bürger von Putins Russland, Bolsonaros Brasilien und Erdoğans Türkei waren ebenfalls nicht willkommen.

Ein Einreiseverbot ist eine drastische Maßnahme, mit der diplomatische Beziehungen aufs Spiel gesetzt werden. Es handelt sich um einen Ausdruck von Misstrauen: Eure Bürger sind eine Gefahr für unsere. Zu einem solchen Mittel greift man nicht einfach so. Deshalb stellte Brüssel objektive Kriterien wie einen zweiwöchigen Durchschnittswert an Neuinfektionen auf. Trotzdem kamen die Brüsseler Botschafter der Mitgliedstaaten erst nach stundenlangen Beratungen zu einer Einigung. Für Reisende aus fünfzehn Ländern wurde grünes Licht gegeben, darunter Australien, Kanada, Marokko, Serbien und Thailand.

Es ist eine faszinierende Entdeckung, wie alle nationalen Abwägungen zwischen Wirtschaft und Gesundheit in den Beschlüssen über die Außengrenze zusammenkommen. Die Frage, wen man hereinlassen soll, führt in einem Schritt von den Ratschlägen von Epidemiologen zu außenpolitischer Strategie, von den Laboren der Weltgesundheitsorganisation und des Robert Koch-Instituts zur Denkwelt von Henry Kissinger und Herfried Münkler. So nimmt eine politische Ordnung sich selbst dank einer gemeinsamen Außengrenze als *body politic* wahr; die Haut ist ein sensibles Organ. Und umgekehrt sagen diejenigen, die ihre eigenen Grenzlinien ziehen: Wir gehören nicht dazu.

Auf der Grünes-Licht-Liste stand, nach einer Leerzeile, noch ein sechzehntes Land: China. Die Europäische Union erlaubte chinesischen Bürgern ab 1. Juli die Einreise, allerdings unter der Bedingung der Gegenseitigkeit. Und China meinte, Europa sei noch zu ansteckend.

Alles in allem hat die europäische Grenzpolitik das Ereignis Pandemie nicht schnell und noch nicht endgültig bewältigen können, die Angelegenheit zieht sich weiter hin. Gewiss, die Einreiseerlaubnisliste für Drittstaaten wird alle zwei Wochen revidiert, die Parameter stehen fest. Die Arbeit an den Binnengrenzen bereitete jedoch größere Schwierigkeiten. Im Herbst 2020 bemühte sich Deutschland, das am 1. Juli die Ratspräsidentschaft übernahm, in den Flickenteppich von Farben und Maßnahmen mehr Einheitlichkeit zu bringen, doch allen war klar, dass sich bei einer weiteren Covid-Welle erneut die Schlagbäume senken könnten. Wegen unzureichender Test- und Nachverfolgungskapazitäten gelang es Europa bislang nicht, alle Neuinfektionen einem Patienten, einer »Cluster«-Situation (Familientreffen, Chorprobe, Hochzeitsfeier) oder wenigstens einem Stadtviertel, einem Dorf oder einer Region zuzuordnen. Deshalb nimmt Gesundheitspolitik, bis große Teile der Bevölkerung mit einem wirksamen Vakzin geimpft wurden, die Form der Disziplinierung gesunder Bürger an, wobei die Landesgrenzen gleichzeitig die Funktion von Gesundheitsgrenzen haben – all dies mit erheblichen Folgen.

Schuld und Kredit (9. März bis 21. Juli 2020)

Alte und neue Stoßdämpfer

Am 9. März, einem Montag, geraten die Finanzmärkte in Coronapanik. In Asien, Europa und Amerika purzeln die Aktienkurse; für den Frankfurter Dax ist es der schlechteste

Tag seit den Terroranschlägen von 2001. Investoren fürchten Risiken und Schwankungen eigentlich nicht; Wetten auf die Zukunft gehören zu ihrem Metier. Doch das Coronavirus bringt *zu viel* Unsicherheit. Außer Zweifel steht, dass eine weltweite Rezession als Folge der Lockdowns auch die europäische Wirtschaft hart treffen wird.

Sobald sich die Pandemie außer auf Gesundheit und Bewegungsfreiheit auch auf Wirtschaftsleben und Beschäftigung auswirkt, betreten andere Akteure die politische Bühne. Für die weltweite Koordination sind der Internationale Währungsfonds und die Weltbank zuständig, die ökonomischen Pendants zur Weltgesundheitsorganisation. Auf der europäischen Ebene treten die siebenundzwanzig Finanzminister mit den zuständigen Kommissaren in Aktion, und anders als ihre Kollegen aus den Gesundheits- und Justizressorts bilden sie eine an enge Zusammenarbeit gewöhnte, beschlusskräftige Gruppe. Die Rollenverteilung wird auch durch die Dynamik des Geschehens verändert: Die Erwartungen der Öffentlichkeit steigen, politische Spannungen nehmen zu. Deshalb werden bald die Regierungschefs auf der Bühne erwartet.

Nach der Marktpanik vom 9. März richten sich die Scheinwerfer zuerst auf die Hüterin der Einheitswährung, die Europäische Zentralbank. Seit 2008 hat diese Institution als Krisenbewältigerin an Autorität gewonnen. In der damaligen Notsituation entwickelte sie unvermutet die Fähigkeit zu entschlossenem, unkonventionellem Handeln, indem sie sich aus ihrem regelpolitischen Korsett befreite. Die Märkte erinnern sich an das kühne Versprechen des Zentralbankpräsidenten Mario Draghi im Jahr 2012, alles zu tun, was notwendig sei, um den Euro zu retten. Was kann die Bank diesmal tun?

Erst einmal unterläuft ihr ein lehrreicher Ausrutscher. Am

12. März beschließt die Zentralbank ein Paket mit Corona-Maßnahmen, darunter den Ankauf von Staatsanleihen im Umfang von 120 Milliarden Euro. Doch ungeschickte Äußerungen von Präsidentin Christine Lagarde, erst wenige Monate im Amt, machen die Wirkung zunichte. Bei der Pressekonferenz erklärt sie, es sei nicht Aufgabe der Zentralbank, »to close spreads«. Das heißt, sollten die Zinsen beispielsweise für italienische Staatspapiere steigen, wäre das eine Angelegenheit für andere Gremien. Lagarde distanziert sich außerdem von dem entschlossenen Vorgehen ihres Amtsvorgängers (»Ich habe nicht den Ehrgeiz, als »Whatever-it-takes«-Nummer zwei in die Geschichte einzugehen[37]). Diese kleine Lücke in der Verteidigung wissen die Märkte zu nutzen: Unmittelbar nach der Pressekonferenz steigen die Zinsen für italienische Staatsanleihen. *Come si ciò non basta!* Als wäre nicht alles schon schlimm genug. Im Palazzo Quirinale spricht der italienische Staatspräsident tadelnde Worte. In dieser Stunde der Not erwarte er, »und sei es auch nur um der gemeinsamen Interessen willen, solidarische Initiativen und keine Aktionen, die das Handeln erschweren«.[38]

Eine Woche später – inzwischen ist eine ganze Reihe weiterer Euroländer im Lockdown, und die Aussichten sind noch finsterer – fällt die Antwort der Zentralbank angemessener aus. Am 18. März beschließt sie ein Pandemiepaket im Umfang von 750 Milliarden Euro. Es geht darum, Spekulationen auf den Zerfall der Eurozone von vornherein zu verhindern. Diesmal reagieren die Märkte positiv. In einer Erklärung per Blog sagt Lagarde, diese Maßnahme sei möglicherweise erst der Anfang, sowohl hinsichtlich ihres Umfangs als auch ihrer Dauer: »Wir werden alle Optionen und Notfallmaßnahmen in Betracht ziehen, um die Wirtschaft während dieses Schocks zu stützen.«[39] Ihre Zentralbank ist für Sie da!

Trotzdem stößt die Geldpolitik während der Pandemie an Grenzen. 2012 hatte Draghi den Spekulanten signalisiert: Ihr werdet den Euro nicht zerstören, unser Wille ist stärker. Doch in der Coronakrise verlieren solche rhetorischen Bluffs ihre Wirkung. Nicht das Vertrauen in die Zukunft, sondern die Fähigkeit, die akute physische Bedrohung abzuwenden, ist der schwache Punkt.[40] Wenn infolge der Lockdowns Angebot (Produktion) und Nachfrage (Konsum) gleichzeitig einbrechen, richtet finanzielle Beruhigung (Liquidität) nicht genug aus. Deshalb sind neben der Zentralbank auch und vor allem die Regierungen mit ihrer Haushaltspolitik am Zug. Das war es, was Lagarde am 12. März mit ihrer fahrlässig mehrdeutigen – nach Ansicht eines französischen Philosophen und Ökonomen aber »berechnenden«[41] – Äußerung sagen wollte: Jetzt seid ihr dran.[42]

Der Lockdown zwingt alle europäischen Regierungen zu einem schnellen und tiefen Griff in die Staatskasse. Unternehmen erhalten staatliche Hilfen, Arbeitnehmer Kurzarbeitergeld, Bankbürgschaften werden bewilligt oder verlängert, Zahlungsaufschub wird gewährt. Sogar Berlin schüttelt die alte Besessenheit vom »ausgeglichenen Haushalt« ab.[43] Aber was können und müssen europäische Regierungen und Institutionen in Haushaltsdingen *gemeinsam* tun, mit- oder füreinander?

Einen Erfolg gibt es sofort. Als Erstes muss die Union den einzelnen Staaten Handlungsfreiheit gewähren, das heißt, einengende Regeln vorübergehend außer Kraft setzen. Das gelingt problemlos und schneller als während der Bankenkrise von 2008. Unter diesen außergewöhnlichen Umständen sei die EU bereit, auf jede notwendige und mögliche Weise flexibel zu sein, erklärt von der Leyen schon am 9. März. Not kennt kein Gebot. Die Kommission lockert die Kriterien für Staatshilfen; in puncto Neuverschuldung und Haushaltsdefizit schlägt sie die Aktivierung der im Stabilitäts- und Wachstumspakt vorgesehenen »Ausweichklausel« vor.[44] In der pandemischen Misere will niemand, dass die Öffentlichkeit »Brüssel« als Hindernis wahrnimmt. Nicht im Weg stehen ist die erste Maxime. Mit den Problemen, die diese Großzügigkeit hinsichtlich staatlicher Eingriffe verursacht, wird man sich später beschäftigen.

Aber wie ist es um die gemeinsame budgetäre Schlagkraft bestellt? Am 16. März halten die Finanzminister der Eurogruppe ihre erste Videokonferenz ab, auch die Nicht-Euro-Kollegen schalten sich zu. Im Anschluss beteuert der Vorsitzende Mario Centeno, man werde »unsere Bürger und unsere Währung mit allen zur Verfügung stehenden Mitteln« schützen. Das klingt vielversprechend. Aus existierenden gemeinsamen Geldtöpfen sollen freilich gerade einmal hundert Milliarden Euro an Nothilfe für Staaten und Unternehmen aufgebracht werden, wie aus Dokumenten der Kommission und der Europäischen Investitionsbank hervorgeht. Zu dürftig, finden die Regierungschefs. Am 26. März, bei ihrem dritten Videogipfel in drei Wochen, bitten sie die Minister, innerhalb von vierzehn Tagen eine bessere Lösung vorzulegen – in Anbetracht »der beispiellosen Natur des COVID-19-Schocks, der alle unsere Länder betrifft«.[45] Soll heißen: An dieser Katastrophe ist niemand selbst schuld, bitte sofort handeln.

Auf einer Nebenbühne sind bereits die ersten Misstöne zu hören gewesen. Während einer Videokonferenz ein paar Tage zuvor verblüffte der niederländische Finanzminister Wopke Hoekstra seine Kollegen mit der Bitte an die Kommission, einen Bericht zu der Frage zu erstellen, warum einige Mitgliedstaaten nicht über »finanzielle Puffer« verfügten. Hätten sie in guten Zeiten nicht für schlechte sparen können?

Eine empathielose rhetorische Frage zu einer Zeit, als in Italien, Spanien und Frankreich Tag für Tag Hunderte der Pandemie zum Opfer fallen. In Südeuropa kochen aller Groll und alle in der Eurokrise aufgestaute Wut auf die hochmütigen Buchhalter aus dem Norden wieder hoch. Nach dem von Streitereien geprägten Videogipfel am 26. März bezeichnet der portugiesische Premierminister Costa Hoekstras Auslassungen als »widerlich«; »niemand hat noch Lust auf Äußerungen von niederländischen Finanzministern, wie wir sie uns 2009, 2010, 2011 haben anhören müssen«.[46] Den Haag bedauert die Aufregung, widersetzt sich aber weiterhin – wie Berlin – bedingungslosen Notfinanzierungen und gemeinsamen Schulden.

In dieser hoch angespannten Lage erzielen die Finanzminister am frühen Morgen des 9. April nach mehr als sechzehn Stunden Videokonferenz doch noch eine Einigung, die sich sehen lassen kann. Die französischen und deutschen Minister Le Maire und Scholz bringen als Wortführer jeweils eines Lagers Nord und Süd zusammen; nur um Hoekstra mit an Bord zu holen, müssen Macron und Merkel im Morgengrauen dessen Chef Rutte in Den Haag anrufen.[47] Das Ergebnis sind drei europäische Stoßdämpfer von insgesamt 540 Milliarden Euro: ein Kreditrahmen von 240 Milliarden beim Europäischen Stabilitätsmechanismus zur Deckung von Kosten für medizinische Versorgung und Prävention; 200 Milliarden an Bankbürgschaften für Unternehmen; 100 Milliarden Darlehen für Lohnzuschüsse. Damit begibt sich die Union auf das Feld der sozialen Sicherheit, nicht unmittelbar (es bleibt eine nationale Kompetenz), sondern zur Absicherung der Staaten. Das Instrument der Kurzarbeit, das sich 2008 bewährt hatte, erweist sich erneut als effektiv. Während in den Vereinigten Staaten im März und April 2020 etwa 22 Millionen Menschen arbeitslos werden, sind es in der Europäischen Union nur knapp 640000.[48] Diese Zahl wird steigen, das wissen alle, aber die Minister kommen noch nicht dazu, über einen Wiederaufbaufonds für die Zeit nach Corona nachzudenken.

So gelingt den Institutionen der Union innerhalb des einen Monats zwischen der Marktpanik am 9. März und dem Gründonnerstagsbeschluss am 9. April mit alten und neuen Stoßdämpfern eine erste finanzielle Reaktion. Sie hat schneller gehandelt als in zurückliegenden Krisen. Die Akteure können auf frühere Erfahrungen aufbauen; die Europäische Zentralbank kommt sogar zu der Erkenntnis, dass sie zu ebenso beherztem Handeln verpflichtet ist wie in den überstandenen Krisen. Instrumente, die bei früheren Bedrohungen noch nicht vorhanden waren, zum Beispiel der Europäische Stabilitätsmechanismus, liegen nun bereit. Kommission und Europäische Investitionsbank erweisen sich als versierte Kreditbeschaffer. Die deutsche Regierung wirft im Inneren ihre Scheu gegenüber dem Keynesianismus über Bord und tritt in Brüssel nicht auf die Bremse. Und wenn nicht energisch genug gehandelt wird, mahnt die Öffentlichkeit Quertreiber und Auf-Zeit-Spieler zur Eile.

Der Sprung der Bundeskanzlerin

»Deutschland kann es auf Dauer nur gut gehen, wenn es auch Europa gut geht.« In ihren fünfzehn Amtsjahren hat Angela Merkel vor dem Bundestag oft Sätze wie diesen gesprochen, aber nie mit größerem Ernst als während ihrer ersten Regierungserklärung seit Beginn der Pandemie, am 23. April 2020. Den deutschen Volksvertretern – im vorgeschriebenen Abstand zueinander, einige auch mit Mund-Nasen-Bedeckung – sagt sie zu Beginn ohne Umschweife: »Und wir alle, Regierung und Parlament, unser ganzes Land, werden auf eine Bewährungsprobe gestellt, wie es sie seit dem Zweiten Weltkrieg, seit den Gründungsjahren der Bundesrepublik Deutschland nicht gab.« Sie prophezeit: »Die Frage, wie wir verhindern, dass das Virus zu irgendeinem Zeitpunkt unser Gesundheitssystem überwältigt und in der Folge unzähligen Menschen das Leben kostet, wird noch lange die zentrale Frage für die Politik in Deutschland und Europa sein.«

Am Vorabend hat sie eine Koalitionssitzung zum Thema nationale Corona-Maßnahmen geleitet, einige Stunden nach der Regierungserklärung wird sie schon wieder an einer Videokonferenz des Europäischen Rates teilnehmen. Die deutsche und die europäische Perspektive gehören in ihrer Rede untrennbar zusammen; die Union sei eine »Schicksalsgemeinschaft«. Und deshalb, so bereitet Merkel ihre Zuhörer vor, werde Deutschland »im Geiste der Solidarität [...] ganz andere, das heißt deutlich höhere Beiträge zum europäischen Haushalt« leisten müssen. Ein umfangreiches Konjunkturprogramm soll allen Mitgliedstaaten eine wirtschaftliche Erholung ermöglichen.

Die Union ächzt und knarrt, und Angela Merkel weiß, dass man sie auf der Bühne erwartet. Zwar ist der erste Schock Mitte April überwunden, doch die Pandemie bedroht die Einheit und Stabilität Europas. Von drei Seiten her spürt die Bundeskanzlerin Kräfte, die zum Handeln zwingen.

Erstens droht eine wirtschaftliche Spaltung. Täglich bekommt Merkel zu lesen, wie Covid-19 das deutsche Herz der Eurozone und die mediterrane Peripherie ökonomisch auseinandertreibt. Die nördlichen Länder haben viel mehr Reserven, mit denen sie Unternehmen und Arbeitsplätze retten können, als die südlichen. Deutschland allein pumpt mehr Geld in die eigene Wirtschaft als alle anderen Mitgliedstaaten zusammen – so hat es die Kommission errechnet –, mehr als im Zuge der Bankenkrise, mehr sogar als nach der Wiedervereinigung.[49] Von Chancengleichheit auf dem Spielfeld des Binnenmarktes kann also kaum noch die Rede sein. Kein Wunder, wenn sich bei den Südeuropäern Groll ansammelt, erkennt Merkel: Erst krank durch das Virus, dann arbeitslos durch deutsche Konkurrenz. Außerdem droht im ökonomischen Spiel von Angebot und Nachfrage immer ein Bumerangeffekt. Europa ist unser größter Exportmarkt, und der darf nicht wegfallen, warnen deutsche Unternehmen; Handelskonflikte mit und zwischen den Vereinigten Staaten und China bringen schon genug wirtschaftliche Unsicherheit.

Zweitens lassen politische Verwerfungen die Union in allen Fugen krachen. Die scharfe Konfrontation zwischen Nord und Süd – verbales Feuerwerk in der Öffentlichkeit und heftiger Streit hinter den Kulissen – verspricht wenig Gutes. Wunden aus der Eurokrise werden wieder aufgerissen. In solchen Situationen wird Deutschland schnell zum Buhmann, wie Merkel aus Erfahrung weiß. Im eigenen Land mag die Bundeskanzlerin nur als eine (wichtige) Akteurin in einem subtilen Machtspiel zwischen politischen Institutionen, zwischen den Koalitionspartnern und zwischen der Bundesregierung und den Landesregierungen wahrgenommen werden, doch der Rest Europas und der Welt sieht das anders: Merkel *ist* Deutschland. Ihr Foto war in der Eurokrise auf Transparenten in Athen und den Titelseiten von Zeitschriften in Madrid zu sehen, wie auch ihr Name von syrischen Flüchtlingen skandiert wurde. So fallen Großzügigkeit und Staatsräson zusammen: In einer europäischen Krise, in der es um Leben und Tod geht, darf Deutschland nicht als der Geizhals vom Dienst gesehen werden.

Und drittens ist da noch Frankreich, das wie immer eine

europäische Vernunftehe fordert. Seit seinem Amtsantritt im Jahr 2017 ist Emmanuel Macron dabei, Angela Merkel zu europäischen Initiativen zu verführen, ob es um Verteidigung, Digitalisierung, Klima oder anderes geht. Doch ausgerechnet beim Euro, dem Schwerpunkt seiner Bemühungen, hat ihn die Regierung in Berlin abblitzen lassen – er wisse ja: Koalitionsvereinbarungen, die öffentliche Meinung, das Bundesverfassungsgericht usw. Das von Paris erträumte eigene Budget für die Eurozone ist unter deutschem und niederländischem Gegendruck zu einem kaum nennenswerten Geldtöpfchen geschrumpft, dessen Akronym man leichter vergisst als behält (BICC) – für Frankreich äußerst frustrierend. Dennoch versichert Macron seinem Freund Daniel Cohn-Bendit in der Bar eines Hotels in Aachen, wo ihm am Himmelfahrtstag 2018 der Karlspreis verliehen wird: »Ich werde nicht lockerlassen.«[50]

In der Pandemie erkennt der französische Präsident neue Chancen. Geschickt spielt er abwechselnd den Anwalt des Südens (der auch mal mit einem Bruch droht) und den unverzichtbaren Partner Berlins. Kurz nach Ostern erklärt er in der *Financial Times*, worum es geht. In diesem historischen Moment dürfe Europa nicht den gleichen Fehler begehen wie 1919 in Versailles, als dem besiegten Deutschland gewaltige Reparationslasten aufgebürdet wurden. Man müsse mit der Logik von Schuld und Sühne brechen, wie nach 1945 mit dem Marshallplan, der auch Westdeutschland den Wiederaufbau des Landes und der Wirtschaft ermöglichte.[51] Dieser Ruf der Geschichte wird verstanden. Wie ihre Vorgänger Adenauer, Schmidt und Kohl strebt Merkel in dieser europäischen Stunde der Wahrheit zuerst und vorzugsweise eine Entente mit dem französischen Präsidenten an.

Die Währungsunion ist das Feld, auf dem die Brücke zwischen Nord und Süd geschlagen werden muss, eine Brücke, die Volkswirtschaften verbindet, politische Spannungen verringert und das französisch-deutsche Bündnis bekräftigt. Keine Kleinigkeit. Auf beiden Seiten liegen die Positionen seit Langem fest. Einst hat Frankreich die Einführung der gemeinsamen Währung erzwungen, während Deutschland bestimmen durfte, wie diese Währung aussehen sollte. Seitdem lautet das Grundprinzip: Wir haben zwar eine gemeinsame Währung, aber jedes Mitglied bleibt für die eigenen Staatsfinanzen zuständig. Von diesem Prinzip abzurücken, würde für jeden Bundeskanzler den Verlust der Unterstützung durch die Öffentlichkeit und einen Verstoß gegen das von Karlsruhe streng gehütete Grundgesetz, politischen Selbstmord und konstitutionellen Hochverrat bedeuten.

Der Maastricht-Vertrag von 1992 enthält drei Verbote, die eine gemeinsame Haftung für Verbindlichkeiten einzelner Mitgliedstaaten ausschließen. An dem ersten Verbot, dem der Finanzierung durch Überziehungs- und Kreditfazilitäten oder den Ankauf von Schuldtiteln, wird seit der Eurokrise gerüttelt: 2010 ist die Europäische Zentralbank dazu übergegangen, Staatsanleihen anzukaufen, und Berlin hat es hingenommen. Die beiden anderen Verbote dagegen haben auch dem Sturm der Eurokrise standgehalten. Das eine betrifft Transferleistungen – kein Mitgliedstaat darf einfach Zahlungen an einen anderen leisten –, das andere gemeinsame Staatsanleihen der Mitgliedstaaten, sogenannte Eurobonds. Zwei rote Linien, röter als rot. Solange sie am Leben sei, werde es keine gemeinsamen Schulden geben, erklärte Merkel noch auf dem Tiefpunkt der Eurokrise.[52]

In der Pandemie werden das zweite und dritte Tabu zunehmend infrage gestellt. Nicht einmal *jetzt* Eurobonds? Am 25. März schreiben die Regierungschefs von neun Ländern einen Brief an den Präsidenten des Europäischen Rates: Italien, Spanien, Portugal, Griechenland, Frankreich, Irland,

Belgien, Luxemburg und Slowenien sprechen sich für Gemeinschaftsanleihen aus, bald »Coronabonds« genannt. Einen Tag vor einem Videogipfel ist die Aufforderung, ein dreißig Jahre altes Tabu zu brechen, für Berlin eine Provokation. Nein, sagt Merkel, auch jetzt nicht, und Rutte und Kurz stimmen ihr zu.[53]

Transferleistungen zwischen Mitgliedstaaten, Hilfen der Starken für die Schwachen – nicht einmal *jetzt*? Gewiss, seit der Eurokrise fließen Hilfen an Mitglieder, die in Schwierigkeiten sind, doch das sind *Kredite*, die zurückgezahlt werden müssen, und ihre Gewährung ist an *Bedingungen* in Gestalt von Reformen geknüpft; es handelt sich also nicht um Geschenke. Doch in der Pandemie bäumt der Süden sich vor diesem Hindernis auf; man empfindet Bedingungen als stigmatisierend. Die italienische Regierung, die den Druck der nationalistischen Opposition spürt, lehnt es ab, den jetzt bereitgestellten Corona-Kredit aus dem Stabilitätsmechanismus in Anspruch zu nehmen. Kein Bankerregime mehr, sondern politische Emanzipation.

Von April an hört man aus Merkels Mund zwei Argumente, die darauf hindeuten, dass Bewegung in die Sache kommt. Das eine ist die sachliche Feststellung, dass die Pandemie ein »symmetrischer« Schlag sei, der alle in Mitleidenschaft ziehe, anders also als die früheren, »asymmetrischen« Krisen, die nur wirtschaftlich schwache Länder getroffen haben. Diesmal ist also niemand selbst schuld, großzügige Gesten sind deshalb erlaubt. Das andere Argument ist politischer Natur: Eine außergewöhnliche Situation erfordere ein außergewöhnliches Vorgehen. Aber, so schränkt Merkel gleichzeitig ein, zeitlich begrenzt und nicht als Präzedenzfall. Eine Brücke nur für den Augenblick.

Nach ihrer Regierungserklärung und dem anschließenden Videogipfel am 23. April sucht Merkel die Annäherung an

Macron. Sie will eine Lösung. Eurobonds bleiben verpönt, aber die Kanzlerin schlägt einen anderen Weg zu finanzieller Solidarität vor: Die Kommission soll auf den Finanzmärkten Geld beschaffen. Dann braucht Deutschland nicht für die von Italien oder Spanien aufgenommenen Schulden zu haften, und die Kredite werden durch den Unionshaushalt gedeckt, womit die Mitgliedstaaten ihren Willen bekunden, als Union zusammenzubleiben. Den Franzosen wäre eine Vergemeinschaftung der durch Euroländer aufgenommenen Schulden lieber gewesen, doch sie gehen gerne auf den Vorschlag ein. Durch eine zentrale Schuldenaufnahme verliert Deutschland zwar die Kontrolle über die Ausgaben (weshalb es diese Aufgabe 2010 nicht der Kommission anvertrauen wollte), aber dem steht ein Vorteil gegenüber: Dieser Posten belastet nicht erkennbar den nationalen Haushalt. Es erinnert an Merkels Manöver in der Eurokrise, als sie die Geldpressen der Europäischen Zentralbank in Frankfurt jene Rettungsaktion für Südeuropa ausführen ließ, zu der sich der Bundestag im Namen der deutschen Steuerzahler nicht hatte durchringen können. Diesmal kommt Merkel nicht daran vorbei, ein *haushaltspolitisches* Mittel anzuwenden, beauftragt jedoch Brüssel damit. Dann ist es weniger schmerzhaft. Außerdem passe es zum deutschen Föderalismus, erklärt ein deutscher Diplomat später gegenüber *Le Monde*: »Wir sind einen solchen Rahmen gewöhnt. Bei uns zahlt zum Beispiel Bayern auch nicht an das Land Bremen; der Bund regelt diese Dinge.«[54]

Merkel ist außerdem bereit, ein Hilfspaket ganz aus *Zuschüssen* statt Krediten zu schnüren. Sie überrascht ihre Umgebung und vielleicht auch sich selbst mit dieser Reaktion auf die »außergewöhnliche Situation«. Doch Zuschüsse in welcher Höhe? Während in Rom und Madrid von einem Hilfspaket von 1500 oder gar 2000 Milliarden gesprochen wird, reduziert Paris den Betrag in den Verhandlungen mit Berlin auf ein noch akzeptables Niveau. Es ist die Kanzlerin selbst, die sich nach vielen Gesprächen und gründlichen Abwägungen am letzten Wochenende der Verhandlungen auf einen Betrag festlegt: 500 Milliarden Euro sollen es sein, und zwar allein an Zuschüssen.

Selbstbewusst, beinahe fröhlich stellt sie am 18. Mai zusammen mit dem französischen Präsidenten per Video – sie in Berlin, er in Paris – den Plan für Wiederaufbauhilfen in Höhe von 500 Milliarden Euro vor, zu finanzieren durch zentrale Schuldenaufnahme. Die Brücke ist geschlagen.

Ein einstimmiger Beschluss

Überraschend schnell, innerhalb weniger Tage, folgt die deutsche Öffentlichkeit in dieser Frage der Kanzlerin. Bundestagspräsident Wolfgang Schäuble, als Finanzminister jahrelang der Buhmann Südeuropas, plädiert für europäische Solidarität – auch aus deutschem Interesse. Zur Debatte über die Finanzierungsform äußert er sich mit einer Redensart aus der Bibel: Weitere Kredite (die natürlich die Staatsschulden erhöht hätten) wären »Steine statt Brot gewesen«.[55] Die Griechen werden ihren Ohren kaum getraut haben. In Merkels CDU findet der Wiederaufbauplan großen Anklang. Koalitionspartner SPD, über Finanzminister Olaf Scholz am Zustandekommen des Plans beteiligt, ist mit im Boot. Die liberale FDP, Oppositionsstimme »bürgerlicher« Sparsamkeit, rühmt im Bundestag die strenge Haushaltspolitik, dank derer Deutschland nun in der Lage sei, anderen zu helfen.

Um in Europa ernste Bedrohungen abzuwenden und zukunftsweisende Initiativen zu starten, ist auf jeden Fall eine französisch-deutsche Einigung notwendig, aber nicht hinreichend. Partner müssen überzeugt und das jeweilige Projekt in gemeinsame Strukturen eingebettet werden. Eine Zweierinitiative kann auch scheitern, wie Paris und Berlin in jüngerer Vergangenheit erfahren mussten, zum Beispiel nach ihrem Übereinkommen in Deauville.[56]

In Kommissionspräsidentin Ursula von der Leyen finden Merkel und Macron die Dritte im Bunde. Nur die Kommission kann den Plan formell vorschlagen und ihn so in den regelpolitischen Rahmen einfügen. Außerdem kann die Institution Expertise beisteuern. Ein Brüsseler Spitzenbeamter, ausgerechnet ein Niederländer, hat bereits im März das revolutionäre Konzept gemeinsamer Schuldenaufnahme entwickelt; über von der Leyen, jahrelang Ministerin in verschiedenen Kabinetten Merkels, ist die Idee in Berlin angekommen.[57] Beim Videogipfel am 23. April haben die Regierungschefs die Kommissionspräsidentin gebeten, Ideen für einen Wiederaufbaufonds auszuarbeiten, wobei Merkel ihrer Duzfreundin eine halbironische Mahnung mit auf den Weg gibt: Sie solle nicht vergessen, die Regierungschefs auf dem Laufenden zu halten.[58] Die Kommission spricht sich dafür aus, den Wiederaufbaufonds an den Siebenjahreshaushalt der Union (2021 bis 2027) zu koppeln. Dadurch würde die Kommission beim Aufbau nach der Pandemie eine zentrale Rolle spielen. Aus einem anderen Grund sehen auch einige Regierungschefs und Ratspräsident Charles Michel einen Vorteil in dieser Koppelung; das Scheitern des Haushaltsgipfels am 20. und 21. Februar scheint sich plötzlich als Glücksfall zu erweisen, denn je mehr offene Fragen und Probleme es gibt, desto besser sind die Aussichten auf Tauschgeschäfte und andere Deals, also auf eine Einigung.

Sofort wird klar, wo es Widerstand gibt: im Norden. Während Südeuropa sich zwar mehr gewünscht hätte, aber mit dem französisch-deutschen Plan und Merkels Geste zufrieden ist, fühlen sich die nördlichen Verbündeten übergangen. Schon kurz nach dem 18. Mai unterbreiten die Niederlande, Österreich, Dänemark und Schweden einen Gegenvorschlag. Die »sparsamen Vier« halten an der Orthodoxie fest: keine Zuschüsse, sondern nur Kredite, und die unter strenger Aufsicht. Ihr Vertrauen in Italien ist gering. Gleichzeitig sind sie sich über die Kräfteverhältnisse im Klaren. Die Bewegung, die Merkel in Gang gesetzt hat, lässt sich nicht stoppen, höchstens bremsen oder in eine etwas andere Richtung lenken.

Am 27. Mai 2020 stellt von der Leyen im Europäischen Parlament den Wiederaufbauplan offiziell vor. Ihr Wirtschafts- und Währungskommissar, der italienische Ex-Ministerpräsident Paolo Gentiloni, ist ihr auf Twitter mit der großen Neuigkeit zuvorgekommen: Die Kommission befürwortet einen Fonds im Umfang von 750 Milliarden Euro. Zu den 500 Milliarden an Zuschüssen entsprechend der Merkel-Macron-Initiative kommen also 250 Milliarden an Krediten – die gesamte Summe soll auf den Finanzmärkten beschafft und denjenigen Mitgliedstaaten zur Verfügung gestellt werden, die von der Pandemie am härtesten getroffen worden sind. Zusammen mit dem gleichzeitig unterbreiteten, revidierten Entwurf für den Siebenjahreshaushalt (in dem sich der Posten Gesundheit gegenüber 2018 *verzwanzigfacht* hat) handelt es sich um eine Injektion von 1800 Milliarden in die europäische Wirtschaft, verteilt auf sieben Jahre.

Am 19. Juni halten die Regierungschefs ihren ersten Videogipfel seit April ab, und sie hoffen, dass es der letzte sein wird. Grenzen werden geöffnet, Länder wagen sich aus ihren Lockdowns heraus, und allen Akteuren ist klar, dass eine Einigung über so viele Milliarden nicht am Bildschirm erreicht werden kann. Nur wenn man sich wirklich begegnet, einander in die Augen sieht, nonverbale Signale empfängt, Stimmungen erfühlt, Angst riecht, Bluffs durchschaut, können Gegensätze überbrückt und ein Konsens erzielt werden. Ratspräsident Charles Michel kündigt ein Treffen für den 17. Juli an.

Das Ziel in Reichweite, den Mund-Nasen-Schutz im Gepäck, reisen die Regierungschefs kreuz und quer durch Europa. Giuseppe Conte empfängt oder besucht nicht weniger als neun Kollegen, sein nördlicher Gegenpart Rutte acht. Als geistige Mutter des Plans und Regierungschefin des Landes, das im zweiten Halbjahr 2020 den Vorsitz im Rat der Europäischen Union innehat (der wiederum eine Einigung auf Ministerebene mit dem Parlament abstimmen muss), empfängt Merkel in Schloss Meseberg Macron und Conte und in Berlin unter anderem Sanchez, Rutte, die finnische Ministerpräsidentin Sanna Marin und den polnischen Amtskollegen Mateusz Morawiecki. Außerdem bilden Regierungschefs Gruppen: das sparsame Quartett, die Visegrád-Gruppe (Polen, Tschechien, Slowakei, Ungarn), das baltische Trio. Von Brüssel aus konferiert Michel per Video mit allen. Es ist ein diplomatisches Ballett, das die ganze Bühne beansprucht und auch dank neuer Anforderungen an die Körpersprache bei der Begrüßung – welche Gesten ersetzen Händedruck und Umarmung? – öffentliche Aufmerksamkeit erregt.[59]

Inhaltlich zeichnen sich drei Konfliktfelder ab. Das erste ist das Verhältnis von Zuschüssen und Krediten. Die von der Kommission vorgeschlagene Aufstockung der Zuschüsse in Höhe von 500 Milliarden um 250 Milliarden an Krediten erhöht zwar die Gesamtsumme (was die sparsame Opposition nicht gern sähe), bringt aber auch eine weitere Variable ins Spiel. Das zweite sind die Kriterien für die Verteilung, eine Mischung aus Wirtschaftskraft, Arbeitslosigkeit und

Wohlstandsverlust infolge von Corona; hinzu kommt die Frage, zu welchem Zeitpunkt Letzterer gemessen werden soll.[60] Das dritte ist die Aufsicht über die Verwendung der Mittel. Kann die Kommission dies allein leisten, oder sollen hier auch die Mitgliedstaaten einbezogen werden, wie Den Haag es befürwortet? In den parallel stattfindenden Verhandlungen über den Siebenjahreshaushalt geht es um den Gesamtbetrag und um Ermäßigungen für Nettozahler. In beiden Fällen spielt auch die Frage eine Rolle, ob die Beachtung rechtsstaatlicher Grundsätze zur Bedingung für Zahlungen gemacht werden kann (wobei alle an Ungarn und Polen denken).

Am Freitag, dem 17. Juli, empfängt Charles Michel in Brüssel vormittags die siebenundzwanzig Regierungschefs und die Kommissionspräsidentin. Der erste Tag verläuft ruhig, doch am Samstag gibt es die ersten Verstimmungen. Während die großen Vier (Merkel, Macron, Conte, Sanchez) beteuern, weniger als 400 Milliarden an Zuschüssen komme für sie nicht infrage, beharren Rutte und seine Verbündeten in den ersten beiden Tagen und Nächten auf einer Grenze von 150 Milliarden. Diese Kluft muss überbrückt werden. In der Nacht von Sonntag auf Montag führt Charles Michel die beiden großen Entwürfe zusammen. Er schlägt 390 Milliarden an Zuschüssen vor, also knapp unter 400; mit 360 Milliarden an Krediten bliebe es bei einem Gesamtumfang von 750 Milliarden. Bei den Verhandlungen über den Haushaltsentwurf wird die sparsame Opposition mit einer Kürzung der Gesamtsumme auf 1074 Milliarden und mit einer Erhöhung ihrer Ermäßigungen geködert.[61] Außerdem werden einige Neuerungen geopfert; so streicht man die zusätzlichen Gelder für das Gesundheitswesen drastisch zusammen. Hinsichtlich der Aufsicht über die Ausgaben greift man zu einem Mittel der regelpolitischen Gleichgewichtskunst: Die

Kommission wird verantwortlich sein, für die Mitgliedstaaten ist nun eine »Notbremse« vorgesehen. Der Konflikt um Rechtsstaatlichkeit verschwindet vom Tisch und wird an den Ministerrat und das Parlament abgeschoben; niemand hat noch Lust, auf den Porzellanladen der empfindlichen Gleichgewichte diesen Elefanten loszulassen.[62] Nach vier Tagen und vier Nächten schickt ein euphorischer Charles Michel am Dienstag, dem 21. Juli, in aller Frühe die Nachricht von einer Einigung in die Welt.

Sie sei »sehr erleichtert«, sagt Angela Merkel schließlich; »wir haben damit die Weichen für die finanziellen Grundlagen der Europäischen Union für die nächsten sieben Jahre gestellt und gleichzeitig *eine Antwort* auf die größte Krise seit Bestehen der Europäischen Union gegeben, und zwar in Form des Wiederaufbaufonds«.[63] Wie am 18. Mai gibt sie eine Pressekonferenz zusammen mit Macron – diesmal Seite an Seite. Der französische Präsident bezeichnet die Einigung als »historische« Leistung und hebt das Neue daran hervor: Die Union könne Kredite aufnehmen, und mehr als die Hälfte des Wiederaufbaufonds bestehe aus Zuschüssen. Allzu triumphierende Worte vermeidet er; die Kanzlerin neben ihm betont ja immer wieder die Einmaligkeit der Geste als Reaktion auf den pandemischen Ausnahmezustand. Doch der Franzose weiß: Wer einmal über diese Brücke gegangen ist, wird es wieder tun; der Präzedenzfall ist geschaffen.

Als »historischen Tag für Europa und für Italien« feiert Ministerpräsident Conte die Einigung, sein spanischer Kollege Sanchez wählt die gleichen Worte. Der portugiesische Premier Costa, im März noch Sprachrohr des südeuropäischen Zorns, twittert ein Selfie mit strahlendem Lächeln. Rutte und Kurz, weniger euphorisch, sprechen von einem guten Ergebnis.[64]

Am nächsten Tag heben Kommentatoren die Neuerung der gemeinsamen Schuldenaufnahme hervor. Es entsteht ein Markt für EU-Schuldpapiere, der im Laufe der Zeit wachsen kann. »Brüssel« bekommt eine Kreditbank. Auch wer nicht gleich von einem »Hamilton-Moment« für Europa spricht (der amerikanische Finanzminister Alexander Hamilton gab den jungen Vereinigten Staaten im 18. Jahrhundert ein finanzpolitisches Fundament), glaubt zu sehen, dass sich etwas Wesentliches verändert hat. Das Vertrauen in »Europa« wächst, der Kurs des Euro steigt im Verhältnis zum Dollar. Wie die Einnahmen für die auf drei Jahrzehnte verteilte Abtragung der Schulden erzielt werden sollen, haben die Regierungschefs offen gelassen. Man kann nicht alles auf einmal regeln. Trotz dieser Ungewissheit gewähren die Ratingagenturen – in der vorigen Krise die Quälgeister der peripheren Eurozonenländer – der neuen Schuldverschreibung den begehrten Triple-A-Status. Vom indischen Exil aus bezeichnet der Dalai Lama als Stimme des Gewissens den Beschluss als »herzerwärmend«.[65]

Einige Tage nach der Einigung blickt eine erschöpfte Ursula von der Leyen in einem Interview mit europäischen Zeitungen zurück. Einmal, als es um das Versagen zu Beginn der Krise geht – die mangelnde Solidarität bei der Verteilung von Schutzausrüstung, die geschlossenen Grenzen, den erbitterten Streit um Geld –, gerät sie ins Stocken und fragt ihren Sprecher: »›In den Abgrund starren‹, wie sagt man das auf Englisch?«[66]

4. Das Theater der Öffentlichkeit

Mehr und mehr lenkt die öffentliche
Meinung die Welt.
Alexis de Tocqueville, Über die
Demokratie in Amerika[1]

Nirgendwo erkennt man deutlicher als in Berlin, dass die physische Heimsuchung der Pandemie zu tektonischen Verwerfungen, erdrutschartigen Veränderungen und emotionalen Ausbrüchen in der europäischen Öffentlichkeit führen kann, mit großen Risiken für das gegenseitige Vertrauen und die Stabilität. Diese Erkenntnis hat Angela Merkel zu dem Sprung über ihren Schatten motiviert, zu dem Entschluss, den betroffenen Ländern auf außergewöhnliche Weise zu helfen.

Ohne die Erfahrungen der Eurokrise wäre die Entscheidung niemals zustande gekommen. Alte und neue Ereignisse wirken hier zusammen. Die historischen Erdschichten (um noch einmal Reinhart Koselleck zu paraphrasieren) bleiben ständig in Bewegung. Die Politiker, die uns durch die Zeit manövrieren, brauchen deshalb eine seismografische Sensibilität für Nachbeben und Verschiebungen. Die Kanzlerin registrierte im Frühjahr 2020 genau, dass die Erinnerung an schmerzliche Erfahrungen im vergangenen Jahrzehnt wieder an die Oberfläche drängte. Als 240 Milliarden an Krediten zur Verfügung gestellt wurden, weigerte sich Italien, die daran geknüpften Bedingungen zu akzeptieren; »unser Land stirbt«, sagten führende Politiker in Rom und Madrid. Also musste man Zuschüsse statt nur Kredite anbieten. Außerdem konnte man nicht ignorieren, dass das Vertrauen der italienischen Öffentlichkeit in die Union einen Tiefpunkt erreichte und dass schon für zwei Drittel der Italiener ein Austritt durchaus infrage kam.[2]

Veränderungen der öffentlichen Meinung sind pure Politik. Das jeweilige Ergebnis ist nicht einfach die Summe objektivierbarer Faktoren (wie zum Beispiel der Handelsbilanz, der militärischen Stärke oder des technologischen Entwicklungsstands eines Landes), sondern hängt auch und vor allem von Launen und Stimmungen ab, von Dankbarkeit oder Groll, Erinnerungen und Erwartungen, Worten und Narrativen; die Veränderlichkeit führt zu häufig labilen Gleichgewichten und wechselnden Mehrheiten. Das ist jedoch kein Grund, das Volk als wetterwendisch abzutun. Die Stimmung der Öffentlichkeit ist wahrnehmbar, nachfühlbar und beeinflussbar, wie schon die klassischen Rhetoriker wussten. In der öffentlichen Meinung steckt außerdem eine gewaltige Kraft, die scheinbare Selbstverständlichkeiten hinwegfegen kann. Gerade dies hat die Pandemie sichtbar gemacht: Kaum jemals zuvor hat die Öffentlichkeit die Union in diesem Maße zu großen, wegweisenden Entscheidungen getrieben.

Auch in Den Haag und anderen nördlichen Hauptstädten wurde die Coronakrise als Fortsetzung der Eurokrise wahrgenommen, im vielsagenden Gegensatz zur Kanzlerin in Berlin jedoch nur als simple Wiederholung der alten Konflikte. So verkannte oder ignorierte man drei bedeutende Veränderungen in der öffentlichen und politischen Sphäre. Erstens ist die Rhetorik in der Pandemie eine andere. Während der Eurokrise stieß ein nördliches Narrativ von Verantwortung und Disziplin auf ein südliches Narrativ von Solidarität und Zusammenhalt. Beide waren nicht ganz von der Hand zu weisen, weshalb man sich auf »Hilfe unter Bedingungen« einigen konnte: mehr Solidarität *und* mehr Disziplin. In der Pandemie dagegen ist das unbarmherzige Disziplinnarrativ dem mitreißenden Solidaritätsnarrativ rhetorisch unterlegen, zumal sich die Öffentlichkeit in ganz Europa als vom Virus belagert wahrnimmt. Das Ausmaß des menschlichen Leids macht das Argument von der »eigenen Schuld« unbrauchbar, wie Merkel erkannt hat. Diese rhetorische Schwäche verwandelt sich für die nördliche Fraktion – oder das, was von ihr übrig geblieben ist – in strategische Schwäche.

Zweitens hat sich in der deutschen Diskussion unter Spezialisten bereits länger eine Veränderung angebahnt. Seit der Bankenkrise stellen Wirtschaftswissenschaftler, Intellektuelle und Politiker aus den Vereinigten Staaten, Großbritannien, Frankreich und Italien die ordoliberalen Auffassungen zu Wirtschaft und Währung infrage. Eine neue Generation deutscher Ökonomen, die teilweise an amerikanischen und britischen Universitäten studiert hat, glaubt nicht blind an die Lehre vom *moral hazard* und hat mittlerweile Positionen in Verwaltung und Journalismus inne.[3] In geologischen Begriffen ausgedrückt, hat ein stetiger Strom von Worten ganz allmählich unterirdische Hohlräume in die früher massive deutsche monetäre Doktrin geschliffen. Deshalb stößt Merkels Einigung mit Macron auf weniger Widerstand in der Fachwelt, als sie es zehn Jahre zuvor getan hätte. Eine tektonische Verschiebung im deutschen Denken.

Drittens spürt der Norden zum ersten Mal die Folgen des Brexit am europäischen Finanzverhandlungstisch. In Geldfragen waren die Briten immer die Sturmbataillone der Spartruppen, bereit, jede zu kostspielige Einigung durch ihr Veto zu sprengen, unter Berufung auf die murrende, unruhige Öffentlichkeit im eigenen Land.[4] So hat London in der Eurokrise die Inanspruchnahme des Unionshaushaltes für fast bankrotte Mitgliedstaaten blockiert; in der Pandemie hätte es bestimmt ebenso gehandelt. Nie hat das Vereinigte Königreich die Union als Schicksalsgemeinschaft gesehen; das

Wohl und Wehe der anderen war »not *our* business«. Ohne diese am 31. Januar 2020 endgültig gelöste Bremse gelingt der europäischen *res publica* schneller als je zuvor der Übergang vom *Auftrag* zur *Form*, vom Versprechen zum Handeln.

Die Metamorphose, die diese Gemeinschaft seit drei Jahrzehnten durchmacht – von einem auf Regelpolitik ausgerichteten System zu einem politischen Gebilde, das *auch* Ereignispolitik betreiben kann –, wird durch die Coronakrise beschleunigt und in eine neue Richtung gelenkt. Wie weit sind wir inzwischen doch von der entpolitisierten Brüsseler Regelfabrik entfernt, die außerhalb des Scheinwerferlichts der Öffentlichkeit einen kontinentalen Markt zusammengebastelt hat. Die Union begibt sich auf die offene Bühne, alles wird deutlicher sichtbar. In den dramatischen Situationen und Konflikten, die ein Staatenverbund mit einer gemeinsamen Währung und gemeinsamen Außengrenzen zwangsläufig erlebt, können lebenswichtige Entscheidungen und unlösbare Dilemmata nicht länger hinter Verfahren und Bürokratie versteckt werden. Das Publikum verlangt nach Narrativen und nach einer eigenen Rolle, die Akteure treten ins Licht, eine europäische Öffentlichkeit nimmt Gestalt an.

Nicht alles verändert sich auf einmal. Auch heute bleibt *Entpolitisierung*, die Strategie der alten Gemeinschaft, Garant für Berechenbarkeit, Rechtssicherheit und das Vertrauen zwischen Mitgliedstaaten. Doch die Union sucht nun gleichzeitig nach Wegen, Reaktionsgeschwindigkeit und Handlungsfähigkeit zu steigern, und sie stellt sich der Tatsache, dass dies zu einer *Politisierung* zwingt: Große Entscheidungen müssen öffentlich vertreten und demokratisch legitimiert werden. Konflikte zwischen beiden Ansätzen sind im Recht und in der Arbeitsweise der Institutionen wie auch in den Erwartungen der Öffentlichkeit angelegt. Ein Teil dieses Publikums legt Wert auf Stabilität und Sorgfalt, ein anderer verlangt, dass Europa entschlossen auf Veränderungen reagiert.

Dennoch hat die Bewegung nur eine Richtung. Jede Krise, die die *res publica* trifft, zwingt zu offenem politischem Streit, und dafür braucht es ein Podium, auf dem er ausgetragen werden kann. Situationen mit großer Unsicherheit erfordern *Improvisation*, augenblickliche, freie Entscheidungen. Je größer die Bedrohung, desto greller das Licht der Öffentlichkeit und desto gebieterischer ihr Ruf nach *Solidarität*. Dafür werden Akteure mit überzeugenden Argumenten gebraucht, die das *Scheinwerferlicht* nicht scheuen. Unsichere Zeiten verstärken den Argwohn der Öffentlichkeit gegenüber Aktivitäten *auf der Hinterbühne*; außerdem werden im Theater *Gegenstimmen* laut und fordern ihre Rolle.

All diese Phänomene der Metamorphose sind in der Pandemie grell zutage getreten. Die Gesundheitskrise, die alle Staaten überrumpelt und alle Bürger physisch betrifft, vergrößert die gemeinsame Öffentlichkeit. Und so vollzieht sich im europäischen Theater vor unseren Augen eine beispiellose Verwandlung.

Improvisation

Die Pandemie bringt Unruhe und Unsicherheit. Das Virus ist neu, man weiß nicht, wie ansteckend es ist, wie tödlich und wie zu bekämpfen. Die Verantwortlichen sind sich dessen bewusst. »Diese Situation ist ernst und sie ist offen«, sagt Merkel; ihr Amtskollege Rutte drückt es so aus: »Wir müssen mit fünfzig Prozent des Wissens hundert Prozent der Entscheidungen treffen.« Auch Macron, zu Beginn noch rhetorisch auf dem Kriegspfad (»Nous sommes en guerre«), betont später bescheiden die Differenz zwischen dem, »was wir wissen«, und dem, »was wir nicht wissen«.[5]

Was tut man, wenn man in eine Notsituation gerät und das vorhandene Wissen, die Gewohnheiten und Regeln nicht helfen? Man muss improvisieren. Das Wort »improvisieren« hat sowohl negative Konnotationen – Pfusch oder mangelhafte Vorbereitung – als auch positive – Kreativität, wie etwa in der Jazzmusik oder in der Debattenarena, wo der beste Improvisator der Held ist. Wer seinen Gästen eine »improvisierte Mahlzeit« vorsetzt, weil nicht alles Notwendige im Haus ist oder er nicht mit so vielen Besuchern gerechnet hat, kann nicht sicher sein, dass es allen schmeckt. Das Beispiel zeigt, dass »improvisieren« zu Recht einen negativen Beiklang hat, wenn man mit einem Ereignis hätte rechnen können, versäumt hat, sich vorzubereiten, oder aus Erfahrungen nicht gelernt hat. Wenn man dagegen unvermittelt handeln muss, um auf eine nicht vorhersehbare Herausforderung zu reagieren, ist Improvisation keine Schande, sondern eine besondere Leistung.

Auch als zu Beginn des Jahres 2010 die Eurokrise ausbrach, wusste niemand, was zu tun war. Die Situation war völlig neu; eine Überraschung jagte die andere. Von Anfang an verkündeten Neunmalkluge, die Lösung sei doch ganz einfach, man müsse nur dies oder jenes tun. Doch das entscheidende Risiko der »finanziellen Ansteckung« (!) von Mitgliedstaaten durch andere hatte kein Experte vorhergesehen. Es gab keine Verfahrensregeln für einen solchen Fall. Es gab auch keine Instrumente für ein gemeinsames Vorgehen, nicht einmal einen Werkzeugkasten. Im Vertrag von Maastricht (1992) hatte man ja feierlich festgeschrieben, dass die Währungsunion nur Regeln brauche und gemeinsames Handeln überflüssig sei. Die Notsituation erzwang in dieser

Hinsicht ein Umdenken, zu dem man sich nur widerwillig bereitfand.

Zweieinhalb Jahre Versuch und Irrtum benötigten die führenden europäischen Politiker, um die Eurokrise in den Griff zu bekommen. Als Griechenland im Frühjahr 2010 vor dem Staatsbankrott stand, durften andere Mitgliedstaaten dem Land streng genommen gar nicht helfen. Andererseits wollten die Regierungschefs nicht wegen eines regionalen Problems den Zerfall der gesamten Eurozone riskieren. An einem hektischen Maiwochenende wurde ein Rettungspaket im Umfang von 750 Milliarden Euro geschnürt. Juristisch bediente man sich der zweifelhaften Form der Zweckgesellschaft (eines *Special Purpose Vehicle* nach luxemburgischem Privatrecht), doch alle Euroländer stimmten kurz vor der Börsenöffnung in Asien zu. Auch die Europäische Zentralbank leistete ihren Beitrag. Das Ganze war, wie Ratspräsident Herman Van Rompuy es ausdrückte, »der Bau eines Rettungsbootes auf hoher See«. Der Erfolg dieser Frühjahrsimprovisation wurde allerdings im Herbst durch einen denkwürdigen Zweiercoup Merkels und Sarkozys am mondänen Strand von Deauville wieder zunichtegemacht. Ihr Versuch, sich in einer Art Tauschgeschäft jeweils einen Wunsch ihrer beiden Länder zu erfüllen, brüskierte die Europartner und verunsicherte die Finanzmärkte, so dass schließlich eine Rettungsaktion für Irland notwendig wurde. Es war eine missglückte Improvisation, ein schlecht vorbereiteter *Alleingang à deux*. Erst ein Jahr später überwanden die führenden Politiker der Eurozone die Vorstellung, dass in erster Linie Haushaltsdefizite die Schwierigkeiten verursacht hätten, und öffneten sich für die Alternative einer »Bankenunion«, durch die im Sommer 2012 die Krise bewältigt wurde.

In diesem Strom von Ereignissen sammelte die Union eine

ganze Reihe neuer Erfahrungen, die sie nun in die Lage versetzen, eine aussichtsreiche Improvisation im Voraus von einem sicheren Fiasko zu unterscheiden, auch auf anderen Gebieten. Wie eine musikalische Improvisation nie völlig frei ist – sonst würde sie zu einer beliebigen Folge von Klängen, die keinen musikalischen Sinn ergäbe –, so muss eine erfolgreiche politische Improvisation drei Voraussetzungen erfüllen. Die erste ist Einigkeit und gemeinsame Verantwortung. Wenn einzelne Mitglieder der handelnden Gemeinschaft ungebeten im Namen aller sprechen oder wenn alle durcheinanderreden, führt das zu Uneinigkeit. Wird sie schnell überwunden, ist das nicht schlimm, hält sie jedoch länger an, sieht und hört die Öffentlichkeit nur Chaos und Kakophonie. Die zweite ist Gestaltungswille, anders gesagt: die Entschlossenheit, »mit der Zukunft so zu schalten und so über sie zu disponieren, als wäre sie eine Gegenwart«, wie Hannah Arendt es ausdrückte.[6] Gelingt das nicht, sieht man Ohnmacht, halbherzige Beschlüsse, die keine Bedrohung abwenden, Schulterzucken bei den Menschen und den Märkten.

Die dritte Voraussetzung für das Gelingen einer Improvisation ist es, opportunistische *Beliebigkeit* zu vermeiden, oder positiv ausgedrückt: sich an den *Grundakkorden* historischer Narrative und Begriffe zu orientieren. In der Eurokrise erfüllten die Begriffe Solidarität und Verantwortung bzw. Zusammenhalt und Disziplin diese Aufgabe. Die »südlichen« Länder forderten die Solidarität aller Mitglieder mit allen anderen ein, für die »nördlichen« hatte die Verantwortung jedes einzelnen Mitglieds für gesunde Staatsfinanzen und Banken Priorität. Ein klassischer Konflikt, bei dem eine Blockade drohte, ein doppeltes Nein. Zum Schluss gelang es der Union aber doch noch, beides erfolgreich miteinander zu kombinieren. Zunächst verbanden die Regierungschefs bei ihrem Gipfel am 28. und 29. Juni 2012 zwei politische Entscheidungen: für eine zentrale Bankenaufsicht durch die Europäische Zentralbank (im Namen der Verantwortung) und für die Möglichkeit von Finanzspritzen für notleidende Banken aus den Rettungsfonds (im Namen der Solidarität). Das war ein doppeltes Ja, mehr Verantwortung und mehr Solidarität. Anschließend brachte Mario Draghi im September 2012 ein unbegrenztes Ankaufprogramm ins Spiel, nach Ansicht vieler das wirksamste Mittel zur Bewältigung der Krise, eine monetäre Zaubermischung aus derselben Quelle. Damit agierte die Zentralbank als *lender of last resort* für die Eurozone als Ganze (Solidarität), aber mit eingebauten Bedingungen für die Mitgliedstaaten, die dieses Mittel in Anspruch nehmen wollten (Verantwortung). Dank dieser zweifachen Entscheidung, mit der man sich an den Grundakkorden orientierte *und* Einigkeit und Gestaltungswillen demonstrierte, überstand man schließlich den Sturm.

Warum wurden Solidarität und Verantwortung in jenen Jahren so bedeutsam? Warum spielten sie in der Rhetorik so vieler politischer Akteure – Merkel, Sarkozy, Hollande, Van Rompuy, Barroso, Draghi und Monti – eine entscheidende Rolle? In einer Situation, zu deren Bewältigung bestehende Regeln und Verträge, aber auch wissenschaftliche Erkenntnisse nicht ausreichen, entschlossenes Handeln aber dringend erforderlich ist, müssen Politiker als Ausgangspunkt auf bestimmte Ideen zurückgreifen, mit denen sie ihre Zuhörer überzeugen können. In Europa ist die Öffentlichkeit von jeher empfänglich für Narrative rund um bestimmte Tugenden oder Werte, ob sie christlichen, humanistischen, klassischen oder anderen Ursprungs sind. Aus diesen narrativen Erdschichten holten die improvisierenden Politiker die Grundakkorde und die Motive, die sie mit ihren konkreten Entscheidungen variierten. So vermieden sie den Eindruck von Opportunismus und Beliebigkeit und konnten ihre Maßnahmen vor Parlamenten und Öffentlichkeit als freie, verantwortungsvolle und deshalb akzeptable Entscheidungen rechtfertigen.[7]

Vor diesem Hintergrund müssen wir das Handeln in der Pandemie beurteilen. Auch das war pure Improvisation, sowohl auf den nationalen wie auf der gemeinsamen Bühne. In den schlechtesten Momenten sahen wir Desinformiertheit, Hilflosigkeit und Unbeholfenheit; man denke an das Schutzmaskendebakel. In ihren besten Momenten, wie etwa mit der Einigung auf einen Aufbaufonds im Juli 2020, bewies die Union dagegen Einigkeit, Stärke und Selbstbewusstsein. Die Aufführung wurde überwiegend positiv besprochen.

Solidarität und res publica

Die Pandemie führt im Frühjahr 2020 zu einer außergewöhnlich starken Identifikation mit der eigenen Nation. Täglich zählt und segnet jede Gesellschaft ihre Kranken und Toten; hört dramatische Ansprachen von Monarchen, Präsidenten oder Premierministern; studiert die Frontberichte; singt Lieder auf den Balkons; applaudiert abends Ärztinnen und Krankenpflegern. Ganz Europa schafft, sieht, erkennt und reproduziert solche neuen nationalen Rituale.

Gleichzeitig sind die Nachbarn näher denn je: ihre Verzweiflung, ihr Lockdown-Verhalten, ihre Intensivstationen und Todeszahlen, ihre offenen oder geschlossenen Grenzen. Empathie ist in der Pandemie grenzüberschreitend, aber der Blick auf die Nachbarn hat auch eine wichtige Bedeutung im eigenen Land. Man beurteilt die Regierung, indem man sie mit anderen Regierungen *vergleicht*. Während Bürger die Leistungen der aktuellen Regierung normalerweise an denen ihrer Vorgänger oder den Versprechen der Opposition messen, versetzt die Coronakrise sie in die Lage, die Politik im eigenen Land in Echtzeit mit der eines Nachbarlandes zu vergleichen. Die Öffentlichkeit möchte wissen, warum Deutschland intensiver testet als Frankreich, warum in Großbritannien mehr Menschen an der Seuche sterben als in Österreich, warum Tschechien niemanden aus China einreisen lässt, warum Belgien eine Maskenpflicht einführt und die Niederlande nicht.[8]

Doch in der Union bleibt es nicht beim Vergleichen allein. Wegen der Verbundenheit durch Währung, Markt und Mobilität wirken sich Entscheidungen bei den Nachbarn auch auf das eigene Leben aus. Was, wenn Deutschland Hunderte von Milliarden in die eigene Wirtschaft pumpt und Italien sich das nicht leisten kann? Was, wenn Schweden nur laxe Maßnahmen ergreift, die Nachbarn aber trotzdem ihre Grenzen offen lassen? Wie John Dewey dargelegt hat, entsteht Öffentlichkeit, sobald Menschen die Folgen eines Ereignisses oder bestimmter Handlungen erkennen und sich organisieren, um sie unter Kontrolle zu bringen oder zu bekämpfen. In der Pandemie hat man es nun nicht mit abstrakten Risiken oder künftigen Gefahren zu tun, sondern alle bekommen unmittelbar zu spüren, wie die Ordnung gestört wird, jetzt und tief greifend. Es ist offensichtlich, dass die Reaktion eine öffentliche Angelegenheit sein muss. Einige nationale Öffentlichkeiten geben den Nachbarn schnell zu verstehen: Diese Entscheidung von euch geht auch uns an; umgekehrt finden manche Regierungschefs sofort vor einem größeren, europäischen Publikum Gehör. In dieser überraschend lebhaften Wechselwirkung nimmt eine neue gemeinsame Sphäre Gestalt an.

Dergleichen geschah zum ersten Mal während der Eurokrise. Minister und Regierungschefs erkannten, dass sie nicht nur auf der nationalen Bühne vor dem eigenen Wahlvolk auftraten, sondern außerdem auf einem europäischen Podium, das während und infolge der Ereignisse entstand. Angela Merkel musste schon im Frühjahr 2010 erleben, bis zu welchen Hitzegraden sich die Wut in den südlichen Ländern steigern konnte. Auch Akteure in Nebenrollen wurden von ihren eigenen, achtlos ausgesprochenen Worten jahrelang verfolgt; so erging es zum Beispiel Jeroen Dijsselbloem, dem Vorsitzenden der Eurogruppe, nach einer abfälligen Bemerkung über südeuropäische Mentalitäten (»Schnaps und Frauen«) in einer deutschen Zeitung.[9] Kluge Akteure lernten, die Möglichkeiten, die ihnen diese Öffentlichkeit bot, strategisch zu nutzen. In der Absicht, das griechische Leiden zu lindern, wandten sich Alexis Tsipras (Syriza) und seine Regierung 2015 über die Köpfe ihrer europäischen Amtskollegen hinweg unmittelbar an die europäische Öffentlichkeit. Finanzminister Yanis Varoufakis, ein Genie der medialen Selbstdarstellung, bemühte sich nach seinem Amtsantritt, mit einer raffiniert inszenierten Tournee seine Kollegen in Paris, Rom, London und Berlin zu Entgegenkommen und Schuldenerlass zu bewegen. Angesichts der schwachen Ausgangsposition seines Landes versuchte er, die herrschende Spardoktrin durch die Macht des Wortes auszuhebeln und die Spielregeln zu verändern. In der Oppositionsrolle demonstrierte das griechische Duo, dass es Interessenkonflikte innerhalb der Union nicht nur zwischen Ländern, sondern auch zwischen gegensätzlichen »Diskursen« geben kann.

In der Pandemie, die alle Bürger physisch berührt, bricht ein heftiger Krieg der Worte aus. Es ist erneut ein Wertekonflikt, und wiederum geht es um finanzielle Solidarität. Der niederländische Finanzminister Wopke Hoekstra löst im März 2020 mit seinem unsensiblen Vorschlag, die Kommission solle die Ursachen des Fehlens finanzieller Reserven in Italien und Spanien untersuchen, Empörung aus. Es war ein plumper Angriff, mit dem er daheim Applaus zu ernten hoffte; stattdessen bekam er ein gellendes Pfeifkonzert von den europäischen Tribünen und musste einen Rückzieher machen. Der unerfahrene Politiker – zur Zeit der Eurokrise war er noch Unternehmensberater – hat das Wesen, den Umfang und die Stimmung seines europäischen Publikums völlig falsch eingeschätzt. Der peinliche Ausrutscher kommt außerdem in einem Moment, in dem Südeuropa einen alten Wunsch aus der Eurokrise ins Spiel bringt und zu gemeinsamer Schuldenaufnahme aufruft. Zunächst natürlich mit dem Brief von neun Regierungschefs an Ratspräsident Michel am 25. März. Viel wirksamer jedoch einige Tage später mit einer ganzseitigen Anzeige in der FAZ, in der der Süden um Unterstützung für »Coronabonds« wirbt; nebenbei fordern die unterzeichnenden italienischen Bürgermeister und Politiker die Deutschen dazu auf, die Niederlande, die sie als Steuerparadies brandmarken, zur Ordnung zu rufen. Ministerpräsident Giuseppe Conte gibt Interviews im deutschen Fernsehen und in einer niederländischen Zeitung (»Unsere Freundschaft bleibt, Mark, aber hilf uns jetzt«). Bemerkenswert ist die Öffentlichkeitsarbeit der deutschen Minister Scholz und Maas, die Anfang April einen Artikel in *La Stampa*, *El País* und drei weiteren südeuropäischen Zeitungen veröffentlichen, in dem sie deutlich sagen: Wir werden die Sache anders angehen als in den früheren Krisen. »Dies ist nicht die Zeit für eine Troika, für Inspekteure und ein Reformprogramm aus dem Arsenal der Kommission; was wir jetzt brauchen, ist schnelle und gezielte Hilfe.«[10] Ende April kommt der niederländische Premier Rutte in Den Haag bei einem Arbeitsbesuch mit einem Müllwerker ins Gespräch, der ihm zuruft: »Bitte gebt den Italienern und Spaniern nicht unser Geld!«, worauf Rutte lachend und mit erhobenem Daumen antwortet: »Nein, nein, ich merke es mir.« Ein Video davon verbreitet sich im Internet und löst binnen einer Stunde (!) in spanischen und italienischen sozialen Medien große Aufregung aus. »Wartet, bis bei euch ein Damm bricht und ihr im Meer verschwindet«, entgegnet ein Italiener auf Facebook dem Haager Müllmann. In der öffentlichen Kommunikation halten die europäischen Wähler sich selbst und einander auf dem neuesten Stand.

Manchmal wird behauptet, es gebe keinen europäischen öffentlichen Raum, weil wir verschiedene Sprachen sprechen. Das ist Unsinn. Beifall, Jubel oder Pfeifkonzerte versteht man über Sprachgrenzen hinweg. Im Geiste von Jürgen Habermas' frühem Hauptwerk *Strukturwandel der Öffentlichkeit* (1962) wird Öffentlichkeit gern auf die »bürgerliche« Öffentlichkeit reduziert, auf die Teilnehmer jener kultivierten Debattenkultur, die in europäischen Gesellschaften seit der frühen Aufklärung entstanden ist. Trotz deren großer Bedeutung ist die Reduktion von »Öffentlichkeit« auf diese gebildete Öffentlichkeit vielleicht das Symptom einer intellektuellen Berufskrankheit. Die Öffentlichkeit, mit der die Politik es zu tun hat, besteht nicht ausschließlich aus rational denkenden und handelnden Bürgern, die Leserbriefe schreiben und alle paar Jahre wählen gehen. Die Öffentlichkeit murrt und schimpft, weint und klatscht, demonstriert und schwenkt Fahnen; sie äußert Wünsche und Beschwerden, und vor allem: Sie fordert eine Rolle auf der Bühne, so unartikuliert sie sich auch ausdrücken mag. Diese Bewegungen haben unmittelbar oder zumindest potenziell politische Bedeutung, wie sich auch in der europäischen Ereignispolitik zeigt.[11]

Angela Merkel hat ein Gespür für die pandemische Gefahr akuter emotionaler Ausbrüche oder eines sich in fataler Weise aufstauenden Grolls in der europäischen Öffentlichkeit.

Auch andere Berliner Akteure erkennen diese Gefahr, zum Beispiel der wichtige CDU-Politiker Norbert Röttgen: »Das kategorische Nein zu Coronabonds ist ökonomisch gut begründet, aber emotional fatal«, twittert er am 6. April 2020. Während Emotionen im Konflikt mit dem Süden aus Sicht des Bundestagsabgeordneten durchaus ein wichtiges Argument sein können, zeigt sich die deutsche Öffentlichkeit in ihrer habermasianischen Gestalt zugleich offen für die rationalen Argumente der Gegenseite. So bringt die Coronakrise das unerwartete Spektakel einer Debatte pro und kontra Eurobonds *in* der deutschen Öffentlichkeit (wobei der Pro-Standpunkt, früher beinahe Landesverrat, nun zum Erkennungszeichen von Rechtschaffenheit wird). Ein von angesehenen Ökonomen, darunter ein bekannter ordnungspolitischer Hardliner, in der FAZ veröffentlichtes Plädoyer für Eurobonds erscheint auch in *Le Monde*, *El Mundo*, in *The New Statesman* und im niederländischen *Financieele Dagblad*.[12]

Dank dieses öffentlich geführten Ideenstreits befreit sich Deutschland von einer gewissen Heuchelei, die bisher mit seiner europäischen Führungsrolle einherging. Unumwunden gesteht die Regierung ein, dass Hilfe für Südeuropa auch im eigenen Interesse liegt, der Absatzmärkte und der wirtschaftlichen Stabilität wegen. Ein auffälliger Kontrast zur Eurokrise, als Berlin kaum jemals einräumte, auch eigene Interessen zu verfolgen, und lieber aus einer Haltung wirtschaftsmoralischer Überlegenheit heraus die Griechen und andere Schuldner als Sünder hinstellte. Gewiss, der griechische Staat hatte zu viel ausgegeben, doch Deutschland verschwieg, dass die Milliardenhilfe für Athen nicht zuletzt dazu diente, das deutsche und europäische Bankensystem zu stabilisieren, dass die deutsche Exportindustrie bereits seit zwanzig Jahren von dem dank Südeuropa niedrigen Eurokurs profitiert und dass die Darlehen mit Zinsen zurückgezahlt werden müssen. Ähnlich war es in der Migrationskrise. Dass die Kanzlerin im Sommer 2015 die Grenzen für Flüchtlinge aus dem Nahen und Mittleren Osten offen ließ, war eine noble Geste, für die sie auch aus Europa Beifall erhielt. Dennoch übersah man in Paris und anderen Hauptstädten nicht, dass das schnell alternde Deutschland syrische Fachleute sehr gut gebrauchen konnte. Wer in solchen Situationen nur das moralische Register zieht und so tut, als spiele Eigennutz keine Rolle, erweckt Ärger und Abneigung und verschließt sich dem Dialog. Jetzt, da Berlin von Solidarität *und* eigenen Interessen spricht, gewinnt es an Glaubwürdigkeit und Überzeugungskraft.

Diese neue Öffentlichkeit ist eine wesentliche Zäsur in der Europolitik. Die Währung *politisiert*. Das beginnende, ehrliche Gespräch über die europäische Wirtschaft bereitet der Verschwiegenheit und Entpolitisierung jener monetären Clearinggesellschaft ein Ende, die Deutschland und Frankreich in den siebziger Jahren für ihre Währungen und Wechselkurse geschaffen haben. Die wirtschaftlichen und politischen Gewinne und Belastungen wurden darin verborgen gehalten, und als das nicht mehr ging, in den Bilanzen der Europäischen Zentralbank versteckt. Doch seit der Eurokrise nährt diese Heimlichkeit, die Kommunikation erschwert und Heuchelei fördert, eine Vertrauenskrise zwischen Nord und Süd. Diente die technokratische Geheimhaltung früher dazu, Leidenschaften zu kanalisieren, so ist sie nun Quelle geradezu karikaturhaft überzeichneter Emotionen, die sie so lange im Zaum halten konnte.[13] Was Markt und Währung, Erfolge und Misserfolge betrifft, sind Offenheit und Ehrlichkeit der richtige Weg. Das bedeutet mehr Politik, mehr Öffentlichkeit. Es wird unweigerlich zu pandämonischer Aufregung führen, wenn wirtschaftliche Interessenkonflikte auf offener Bühne ausgetragen werden. Nach dem einfach abzulesenden Stand von Schulden und Haushaltsdefiziten, dem Kriterium der Währungsunion zur Beurteilung ihrer Mitglieder, kommen nun auch die komplexeren Probleme von Arbeitsmärkten, Steuerpolitik und Rentensystemen ins Blickfeld des Publikums.

Deshalb ist es Aufgabe der demokratischen Politik, allen voran der Regierungschefs, gegenüber den Parlamenten und Öffentlichkeiten Verantwortung zu übernehmen, wann immer sich das Schicksal der *res publica* wendet.

Im Scheinwerferlicht

In der Eurokrise übernahmen zwei Akteure die Hauptrollen, Angela Merkel und Mario Draghi. Beide fanden die Worte, die nötig waren, um die zerstörerischen Kräfte unter Kontrolle zu bekommen. »Scheitert der Euro, dann scheitert Europa«, sagte sie im Mai 2010 vor der deutschen und europäischen Öffentlichkeit. »Whatever it takes«, sagte er im Juli 2012 in London vor den Finanzmärkten und fügte mit seiner römischen Bassstimme hinzu: »And believe me, it will be enough.« So warfen die Politikerin und der Zentralbankchef bei ihren Improvisationen ihre starke *persönliche* Autorität in die Waagschale. Er wurde zu *Mr. Euro*, sie zu *Frau Europa*. Etwas in dieser Art war notwendig, denn wenn die Un-Vorsehung aus dem Nichts ein unbekanntes Problem auf die Bühne bringt, reicht die amtliche Regie von Regeln, Präzedenzfällen, Mandaten und objektiven Kriterien nicht aus. Dann ruft das Publikum nach Akteuren, die ihre angemessene Einschätzung der Situation in Worte fassen, ja, verkörpern und dafür sorgen, dass das Stück eine Wendung zum Guten nimmt.

In der Coronakrise fällt es den politischen Akteuren zunächst schwer, zur gesamten europäischen Öffentlichkeit zu sprechen. Die Regierungschefs müssen vor allem die Situation im eigenen Land in den Griff bekommen; jede nationale Öffentlichkeit hat ihre praktischen und rhetorischen Erwartungen, die nicht ohne Weiteres übersetzbar sind. So dringt die Stimme des französischen Präsidenten, als selbsternannter *Monsieur Europe* doch bühnenerfahren genug, kaum über die Grenzen Frankreichs hinaus. Und die Institutionen der Union halten sich rhetorisch zurück, was auch hier mit den Kompetenzen zusammenhängt, denn in der Gesundheitspolitik fehlt ein föderales Sprachrohr à la Zentralbank. Während auf den nationalen Bühnen einige Virologen in kurzer Zeit in die Rolle von Souffleuren der politisch Verantwortlichen schlüpfen (wie etwa Christian Drosten in Deutschland), meldet sich kein gesamteuropäisches Pendant zu Wort. Das Europäische Zentrum für die Prävention und die Kontrolle von Krankheiten im schwedischen Solna ist den europäischen Bürgern immer noch unbekannt.

Kommissionspräsidentin Ursula von der Leyen strebt in den dramatischen Frühlingswochen keine selbstständige Rolle auf der europäischen Bühne an.[14] Erst als in Brüssel eine neue Fassung des Stücks eintrifft, wird sie zumindest in den Augen des Brüsseler Publikums ihrem Status wieder gerecht, nämlich mit der Initiative zum Wiederaufbaufonds, durch die ihre Institution prestigeträchtige neue Aufgaben erhält: das Recht zur Schuldenaufnahme und, längerfristig, zur Steuererhebung. Dieser nicht geringe Zuwachs an bürokratischer Macht wird ihr allerdings nicht von selbst zur Rolle der *Lady Europe* verhelfen; in der Pandemie ist es die ruhige Festigkeit der Frau Dr. Angela Merkel, die am meisten beeindruckt.

In der Ereignispolitik sind in Europa die versammelten Regierungschefs die Träger der Autorität. Die Union ist kein Staat, weshalb nicht ein einziger Politiker oder einige wenige an ihrer Spitze stehen, sondern ein Kollektiv. Im Europäischen Rat treffen sich die siebenundzwanzig gewählten Staats- und Regierungschefs, dazu die Präsidentin der Kommission und der Präsident des Rates, ungefähr einmal im Monat. Das Scheinwerferlicht fällt auf diese Gipfel. Deren dramatische Inszenierung – früher vor klassischen Kulissen wie Burgen oder Jagdschlösschen, heute in Brüsseler Büropalästen – stärkt das Bild der Macht. Die Besetzung ist von entscheidender Bedeutung. Fast alle Europäer kennen eine oder mehrere Personen: den Regierungschef des eigenen Landes, meist auch die von Frankreich oder Deutschland, manchmal den Präsidenten von Rat oder Kommission und oft die extremen Charaktere, die gegen die guten Sitten verstoßen wie Viktor Orbán und früher Silvio Berlusconi oder Margaret Thatcher. Alle sind demokratisch gewählt und stehen in direktem Kontakt sowohl mit ihrem heimischen als auch mit dem größeren europäischen Publikum.

Die Presse identifiziert die Gipfel ganz richtig als Schaltstellen der Macht, als Maschine, die Geschichten produziert. Konflikte zwischen Personen, historische Entscheidungen, Kämpfe um Macht und Geld – da ist was los! Von jeher locken die Sitzungen des Europäischen Rates mehr als tausend Journalisten aus allen Mitgliedstaaten und Ländern weit über Europas Grenzen hinaus an. Der Druck durch die Medien trägt viel zur Dynamik bei. Vor Dutzenden von Kameras ist es für Regierungschefs unerträglich oder schlicht unmöglich, mit einem »Wir sind zu keinem Ergebnis gekommen« Hilflosigkeit einzugestehen. Fachminister oder Kommissare können sich das erlauben (»Kein Kommentar, nächste Woche verhandeln wir weiter«), der Gipfelzirkus kann es nicht.

Die Presse kann Uneinigkeit noch vergrößern, dem Ruf von Beteiligten Schaden zufügen, Ansprüchen den Boden entziehen. Dank dieser gewaltigen Macht zwingt sie den Kreis der Regierungschefs zu mehr Einigkeit und Entscheidungsfähigkeit, als die Einzelnen vorher für möglich gehalten hätten.

Gebündelte demokratische Willenserklärungen im Licht der Öffentlichkeit: Genau diese Qualität ist es, die den Europäischen Rat befähigt, als höchste Machtinstanz in der Union aufzutreten. Kann ein Problem nicht auf niedrigeren Ebenen gelöst werden, wird es zur Chefsache. In einem Unternehmen nimmt der Vorstandsvorsitzende die Sache in die Hand, in Berlin die Bundeskanzlerin, in Brüssel der Europäische Rat – dann steht Chef im Plural. Inhaltlich kann jede Angelegenheit zur Chefsache werden; nicht das Was macht sie zu etwas Besonderem. Es ist vielmehr das Wann, die Dringlichkeit, die Notwendigkeit, genau jetzt zu handeln. Mal kommt die Intervention am Ende eines Entscheidungsprozesses, wenn er doch noch ins Stocken geraten ist und ein gordischer Knoten durchgehauen werden muss; mal kommt sie dagegen zu Beginn, wenn es gilt, eine Richtung vorzugeben oder neues Terrain zu erkunden. Ein anderer typischer Chefmoment ist die Krise, die Notsituation. Seit 2008 haben die Regierungschefs die Rolle des Retters in der Not immer wieder spielen müssen, nicht selten wider Willen. Nur die Mitglieder des Europäischen Rates haben – jede und jeder für sich und alle gemeinsam – die Macht, sämtliche diplomatischen und amtlichen Apparate in den nationalen Hauptstädten und in Brüssel zu mobilisieren, um *ein* ganz bestimmtes Ziel zu erreichen und Entscheidungen zu treffen, die über den üblichen Rahmen hinausgehen. Für die Union ist diese Durchsetzungsfunktion lebenswichtig, wie sich in der Pandemie erneut zeigt.[15]

Corona wird am Dienstag, dem 10. März 2020, zur Chefsache. Am Freitag davor haben sich die europäischen Gesundheitsminister öffentlich über Schutzmasken gezankt, am Montag ist auf den Finanzmärkten Covid-Panik ausgebrochen. In Abstimmung mit dem französischen Präsidenten setzt Ratspräsident Charles Michel äußerst kurzfristig, nämlich für den folgenden Tag, einen Videogipfel an, den ersten überhaupt. Die Tagung ist kaum vorbereitet, die Form für alle ungewohnt, wie man vor und auf den Bildschirmen sieht. Aussagen von Amtskollegen und eindringliche Worte der ebenfalls zugeschalteten Zentralbankpräsidentin machen den Regierungschefs den Ernst der Lage bewusst. Allen wird klar, dass es mit Info-Websites hier nicht getan ist, gemeinsames Handeln ist dringend erforderlich. Innerhalb von zwei Wochen finden zwei weitere Videokonferenzen statt, am 17. und 26. März, gefolgt von einer vierten am 23. April; dann sind es bereits die Lockdowns, die ein physisches Treffen unmöglich machen, und nicht nur die Eile. Vier Gipfel in so rascher Folge – der Unionsvertrag sieht formal vier pro Jahr vor – hat es nie zuvor gegeben; es ist kennzeichnend für die enorme pandemische Unsicherheit dieser Tage.

Die »Zoomdiplomatie« bringt eine eigene Dynamik mit sich. Es fehlen die gewohnten Begrüßungsrituale und die Brüsseler Kulissen, an ihre Stelle treten dreißig Bürointerieurs auf einem Bildschirm, auf dem beim ersten Mal in großer Schrift »Please, mute your microphone« steht. Als Hintergrund wählen die meisten Regierungschefs die eigene und die europäische Flagge; nur bei Orbán ist das blaue Tuch mit gelben Sternen nicht im Bild. Der luxemburgische Premier Xavier Bettel hat offensichtlich eine Pop-Art-Version des Pringles-Logos aus seiner Privatsammlung an der Wand seines Tagungsraums aufgehängt. Manche Regierungschefs sind per Video überraschend eloquent. Normalerweise führt es zu einem Verlust an Autorität, wenn man im Rat von einem Stück Papier abliest – man muss doch improvisieren können! –, doch einige nutzen die digitale Gelegenheit, um sich eines unsichtbaren Prompters zu bedienen. Unter diesen Bedingungen, in der übellaunigen Konferenz am 26. März, schafft es der Europäische Rat, entscheidende erste Schritte einzuleiten und in der Union Aufgaben zu verteilen: Die Finanzminister müssen bis zu einem bestimmten Termin eine Einigung über einen Pandemiekredit erzielen, und die Kommission erhält das Mandat, in Zusammenarbeit mit dem Ratspräsidenten eine »Exit«-Strategie für eine Beendigung der Lockdowns und eine Wiederbelebung der Wirtschaft zu entwerfen.

Und doch bringt der physische Abstand vor allem Einschränkungen mit sich. Über den Bildschirm zu verhandeln ist fast unmöglich. Bei vier oder fünf Teilnehmern geht das gerade noch, bei dreißig nicht. Der unmittelbare Kontakt, das Schulterklopfen, die Blickwechsel, das Erspüren von Stimmungen, all dies fällt weg. Im virtuellen Raum gibt es auch keine Türen, Flure oder Kulissen für Gespräche unter vier Augen. Tagungen des Europäischen Rates sind sonst geschlossene, intime Versammlungen, und dazu gehört auch der wechselseitige Respekt, der exklusiven Clubs eigen ist – *leaders only*. Abgesehen von einer Handvoll EU-Beamter ist kein Fußvolk anwesend, völlig anders als bei den gewöhnlichen Brüsseler Ministerrunden, bei denen jeder Minister fünf Berater mitbringt und bis zu hundertfünfzig Personen im Saal sind. Mit so vielen Augen im Rücken wagt niemand einen riskanten Schritt. Auch bei Videokonferenzen kann man nicht darauf vertrauen, dass man ganz unter sich ist, denn wer sieht und hört außerhalb des Bildes mit? Kurz nach der Videokonferenz vom 26. März erscheint in *El País* eine wörtliche Wiedergabe der Streitereien.[16]

An ihren Monitoren fehlt den Regierungschefs der runde Tisch, der alle zusammenbringt und die Gesamtheit zu etwas Greifbarem macht. Sie spüren auch nicht den Druck der versammelten europäischen Presse vor den Türen. Das für die Macht so produktive Spiel zwischen Abgeschlossenheit und Öffentlichkeit kommt nicht in Gang. Deshalb geht von den Videogipfeln nicht jenes Höchstmaß an Autorität aus, nach dem die Notsituation des Frühjahrs 2020 verlangt. Umgekehrt zeigt der erfolgreiche Gipfel vom 17. bis 21. Juni 2020, wie unentbehrlich die physische Begegnung für die Bewältigung der Krise ist. Nicht zufällig entwickelt sich dieses Treffen zum längsten Gipfel innerhalb von zwei Jahrzehnten. Es gibt viel nachzuholen. Zwei Monate nach der bahnbrechenden Einigung des deutschen und des französischen Mitglieds des Europäischen Rates musste und konnte die gemeinsame operative Kraft der Siebenundzwanzig nur auf der Chefebene wiederhergestellt werden.[17]

Dass die symbolische Einheit sichtbar verkörpert wird, bleibt allerdings zu viel verlangt, auch als reale Gipfeltreffen ab Sommer 2020 wieder möglich sind. Es gibt Momente, in denen die Öffentlichkeit wissen will, was »Europa« über eine bestimmte Angelegenheit denkt – nicht nur die eine oder andere Regierung oder die Brüsseler Innenwelt, sondern die Union als Ganze. Wer meldet sich zu Wort, wenn Flüchtlinge vor unseren Küsten ertrinken, wer spricht nach einem Erdbeben oder bei einer Pandemie sein Mitgefühl aus? Dann sind europäische Worte gefragt, für die Öffentlichkeit zu Hause und für die Außenwelt. Für nichteuropäische Regierungschefs ist ein europäischer Gipfel die Gelegenheit – im Sinne von Kissingers Frage »Wen rufe ich an, wenn ich mit Europa sprechen möchte?« –, alle gleichzeitig ans Telefon zu bekommen. Unter diesem Aspekt hatte Kanzlerin Merkel den chinesischen Präsidenten Xi für September 2020 nach

Leipzig zu einem Treffen mit all ihren EU-Kollegen eingeladen. Infolge der Pandemie ist dieser Gipfel, als Höhepunkt des deutschen Ratsvorsitzes gedacht, ins Wasser gefallen. Was von dem Vorhaben blieb, war eine Videokonferenz von drei Vertretern der Union – Michel und von der Leyen in Brüssel, Merkel in Berlin – mit Xi in Peking. Die operative Einheit blieb zwar gewahrt, da Michel und Merkel sich zuvor mit den anderen Regierungschefs berieten, doch die symbolische Gemeinsamkeit fehlte: Das Treffen fand nicht auf einer Bühne statt, sondern außerhalb des Scheinwerferlichts, dem Blick der Öffentlichkeit entzogen.

Auf der Hinterbühne

Manchmal reicht es nicht, die Akteure zu sehen, das Publikum hört, dass auch in den Kulissen etwas passiert: geheime Deals, Gespräche unter vier Augen, Machtspielchen. Auch in der Krisenpolitik kann dies leicht den Argwohn des Demos erwecken. Das Publikum besteigt die Bühne, weist die Akteure auf Veränderungen in der Handlung hin, verlangt Einfluss auf die weitere Entwicklung und will mehr Kontrolle über die Aufführung. Da die Union von jeher nicht auf tatkräftiges Handeln und schnelle Entscheidungsfindung eingestellt ist, ergibt sich aus dieser Konfrontation eine neue Dynamik.

Ihre Handlungsfähigkeit zu vergrößern, diese Aufgabe empfindet die Union in und nach jeder großen Krise als besonders dringlich. Mit Regelwerk allein gelingt es nicht, zerstörerische Kräfte unter Kontrolle zu bringen. Manchmal bleibt es bei kurzfristigen Bemühungen, doch fast immer gehen aus Notmaßnahmen neue Exekutivstrukturen hervor. So wurden in der Eurokrise Rettungsfonds gebildet, um im Milliardenumfang helfen zu können, erst provisorisch und dann sorgsam strukturiert; gleichzeitig wurde ein Bankenaufsichtsmechanismus geschaffen, nicht um alle Banken zu regulieren, sondern um notfalls eine einzelne Bank abwickeln zu können. Es ging um wirksames Handeln. In der Migrationskrise wurde die bis dahin kaum in Erscheinung getretene Grenzagentur Frontex zu einer starken Grenz- und Küstenwache mit mehr Personal und Schlagkraft umgebaut. Und ebenso wird in der Pandemie plötzlich die Notwendigkeit erkannt, medizinische Reserven anzulegen und die Kräfte für die Entwicklung und den Ankauf von Impfstoffen zu bündeln. Nach mehr als einem halben Jahr Grenzchaos bringt die EU-Agentur in Solna eine Karte mit regionalen Farbcodes für die gesamte Union zustande. Bei dieser ersten Stärkung exekutiver Strukturen im Gesundheitswesen wird es bestimmt nicht bleiben; die Konferenz zur Zukunft Europas, die 2022 abgeschlossen werden soll, nimmt sich dieser Fragen an.

Findet auf der Hinterbühne um der Handlungsfähigkeit willen eine solche *exekutive Konsolidierung* statt, steht dies im Widerspruch zur Forderung der Öffentlichkeit nach Berechenbarkeit und Transparenz. Dies zeigte sich in der Eurokrise im Zusammenhang mit der berüchtigten »Troika«. Als von 2010 an Griechenland, Irland und Portugal an bestimmte Bedingungen geknüpfte Hilfspakete erhielten, hatte das amtliche »Dreigespann«, das im Namen der Kreditgeber (Kommission, Zentralbank, Internationaler Währungsfonds) sprach, weitgehende Befugnisse: Experten auf Abteilungsleiterebene schrieben gewählten Ministern bis ins Detail vor, in welchem Umfang Renten gekürzt oder für welche Medikamente die Kosten nicht länger erstattet werden sollten. Das krasse Missverhältnis zwischen dieser Entscheidungsmacht von Behörden und Banken in Brüssel, Frankfurt und Washington und den von griechischen, irischen und portugiesischen Wählern als politische Eingriffe empfundenen Beschlüssen löste schließlich in der gesamten europäischen Öffentlichkeit heftige Kritik an der Troika aus und schadete der Union als Ganzer. Erst nach jahrelanger Empörung über diesen administrativen Hochmut, den die Finanzminister der Eurogruppe abgesegnet hatten, erkannte man in der Kommission, dass man wenigstens Leute mit politischer Autorität und Verantwortlichkeit gegenüber dem Parlament nach Athen, Dublin und Lissabon schicken musste.

Wegen ihres dramatischen Tempos erfordern Krisen schnelle, energische Beschlüsse – exekutive Entfaltung auf der Ebene der Entscheidungsmacht. Deshalb die auf längere Zeit gewählten Präsidenten oder Vorsitzenden, deren Aufgabe es ist, Einigkeit unter den siebenundzwanzig Regierungschefs oder Ministern zustande zu bringen, und die als deren Sprecher vor den Medien und der Öffentlichkeit auftreten. Mittlerweile haben der Europäische Rat (seit 2009), der Rat für Auswärtige Angelegenheiten (ebenfalls seit 2009) und die Eurogruppe (seit 2005) solche Präsidenten und Vorsitzenden, nicht zufällig drei auf Beschlussfassung ausgerichtete Gremien, während die Präsidentschaft der legislativen Räte weiterhin im Halbjahresrhythmus wechselt. Oder man denke an die schrittweise Formalisierung der »Eurogipfel«, seit Präsident Sarkozy in der Bankenkrise den deutschen Widerstand gegen Treffen der Eurozonen-Regierungschefs zum ersten Mal brach. Auf diesen Präzedenzfall baute Herman Van Rompuy in der Eurokrise auf, bis der Eurogipfel 2011 durch alle Mitgliedstaaten als Institution anerkannt und formalisiert wurde. Auf einer niedrigeren Ebene wurde während der Migrationskrise von 2015 ein Krisenorgan für den schnelleren Informationsaustausch und die Vorbereitung von Beschlüssen durch Minister oder Regierungschefs geschaffen, das als »Integrierte Regelung für die politische Reaktion auf

Krisen« bezeichnete Gremium. In der Coronakrise kommt es erneut zum Einsatz.

Häufig bilden sich in Krisenzeiten kleine informelle Gruppen, in denen man sich über bestimmte Fragen abstimmt. In der Eurokrise erfuhr infolge von Unvorsichtigkeiten die Öffentlichkeit von einem solchen Kulissen-Gremium: der »Frankfurter Gruppe« aus Sarkozy, Merkel, den Brüsseler Präsidenten Van Rompuy und Barroso und Zentralbankchef Draghi. Nach ihrem ersten Ad-hoc-Treffen hinter den Kulissen der Frankfurter Oper, wo am 19. Oktober 2011 der Abschied von Draghis Vorgänger gefeiert wurde, führte dieser Kreis als eine Art Kernkabinett die Eurozone ein halbes Jahr lang durch die Krise.

Der Argwohn der Öffentlichkeit ist schnell geweckt. Formal hat ein Gremium wie die Frankfurter Gruppe keine Existenzberechtigung. Die Öffentlichkeit kleinerer, darin nicht vertretener Mitgliedstaaten fühlt sich gedemütigt; ein »Direktorium« von großen Staaten nach Art des Wiener Kongresses 1814/15 ist die Urangst der kleinen. Die Pressekonferenz von Merkel und Macron im Mai 2020 zur deutsch-französischen Coronafonds-Einigung löst in Den Haag und Wien Empörung aus. Die Anwesenheit von Unionsvertretern, die im Namen der Abwesenden sprechen, mildert den Affront. Im eigenen und im gemeinsamen Interesse tun *inner circles* gut daran, eine Einigung als vorbereitenden Schritt zu einem gemeinsamen Beschluss zu präsentieren, nicht als Diktat, und ihre Treffen auf einer Nebenbühne mit deutlich sichtbarer Verbindung zur Hauptbühne abzuhalten. Auch während der Pandemie ist Kommunikation hinter den Kulissen unvermeidlich. So bildet ein informeller Kreis von Regierungschefs und Brüsseler Präsidenten – Merkel, Macron, Conte, Sanchez, Rutte, Michel und von der Leyen – die »Washington-Gruppe« (nach einigen in entsprechender Konstellation abgehaltenen Treffen der Finanzminister beim Internationalen Währungsfonds). Zum Zweck der Versöhnung nach den Streitigkeiten im März ins Leben gerufen, hat sich diese Gruppe auch am Rande des Juli-Gipfels einmal getroffen.

Für eine lebendige und produktive europäische Öffentlichkeit braucht es nicht in erster Linie mehr *Transparenz*, sondern bessere *Lesbarkeit* des politischen Spiels. An Transparenz mangelt es nämlich in der Union nicht, jedenfalls nicht für diejenigen, die genug Zeit oder Geld haben. Man denke an das emsige Völkchen von Experten, Lobbyisten und Vertretern zivilgesellschaftlicher Organisationen, das um die Brüsseler Beschlussfabrik herumschwirrt und von der Kommission einmal theoretisch zur »europäischen Öffentlichkeit« aufgewertet worden ist. Alle zusammen bilden sie de facto eine halböffentliche Sphäre, in der Experten über Details und politische Maßnahmen streiten.[18] Das ist allerdings noch etwas anderes als ein öffentlicher Raum im eigentlichen Sinn, als der Schauplatz von Spielzug und Gegenzug, Wort und Widerwort, öffentlicher Verantwortung und sichtbarer Opposition.

Keine Regierung tagt bei offenen Türen. Das Licht muss auf die Bühne gerichtet sein, auf der man sich vor der Öffentlichkeit verantwortet. Auf den Nebenbühnen und hinter den Kulissen wird verhandelt und geschwitzt, werden Maske oder Rolle gewechselt, Textsicherheit und Überzeugungskraft verbessert, neue Texte geschrieben und ausprobiert, Mitspieler ermuntert oder angeschnauzt. Was auf die Bühne kommt, ist das Ergebnis all dieser Vorbereitungen.

Das Scheinwerferlicht der Transparenz ist gnadenlos, es blendet eher, als dass es erhellt; wenn man es auf die Kulissen richtet, führt das zum Stillstand. Die Entscheidungsmaschine läuft nur im Schutz der Kulissen reibungslos, am sicheren

Ort des permanenten Gedankenaustauschs, wo wechselseitiges Vertrauen eingeübt wird, wo man Ideen testen, über den Schatten seines Mandats springen kann. Auch wenn Legitimitätstheoretiker es gern anders darstellen, ist Transparenz für die Öffentlichkeit gar nicht das höchste Gut. Sieht man ein Durcheinander von geübten und ungeübten Akteuren, fällt es schwer zu sagen, wer von ihnen die *Verantwortung* trägt. Wichtiger ist deshalb Lesbarkeit, Kenntnis der Geschichte der Union und der Rollenverteilung in ihr, Einblick in die Spielregeln und die Grammatik des europäischen politischen Theaters – dafür zu sorgen, obliegt sowohl den Kommentatoren auf der Pressetribüne als auch den Akteuren auf der Hauptbühne. Diese müssen vor dem Publikum Rechenschaft über die eigene Rolle ablegen, über die oft angesichts tragischer Dilemmata getroffenen Entscheidungen. Das Sichverantworten vor der Öffentlichkeit ist der notwendige Anknüpfungspunkt für *Opposition*.

Gegenstimmen

Dass es in Brüssel jahrzehntelang keine als solche identifizierbare Regierung gab und dass es tabu war, danach zu fragen, hatte zur Folge, dass auch keine organisierte Opposition Gestalt gewinnen konnte. Für Regierende mag das Fehlen einer Opposition – die ihnen das Leben schwer macht, ihre Pläne hintertreibt und sie lieber heute als morgen aus dem Amt drängen möchte – eine verlockende Vorstellung sein, doch für ein politisches System als Ganzes wäre es fatal. Wenn niemand oppositionelle Standpunkte verkörpert und der Ruf nach Opposition kein Gehör findet, wird die politische Arena schnell beengend.

Opposition hat lebenswichtige Aufgaben: Sie sorgt für

Ausgleich, indem sie die Gewaltenteilung in einem System stärkt und Machtmissbrauch verhindert. Sie fasst Unzufriedenheit oder Unruhe in Teilen der Öffentlichkeit in Worte und sorgt dafür, dass Öffentlichkeit wie Regierende *wachsam* bleiben. Wenn die Opposition dann noch mit eigenen Plänen, Gesetzentwürfen oder Zukunftsvisionen zeigen kann, dass politische Entscheidungen auch *anders* ausfallen können, funktioniert das System optimal.

Trotz oder gerade dank der Brüsseler Entpolitisierungsstrategie haben sich erst gelegentliche, später auch beständige Gegenkräfte entwickelt. In den Jahren turbulenter Krisenpolitik füllten sich die großen Plätze Europas mit Demonstranten für und gegen den Euro, für und gegen Grenzstacheldraht; Wähler nutzten die nationalen Wahlurnen, um mit dem europäischen Handeln ihrer Regierungen abzurechnen; Masken technokratischer Verbrämung wurden abgerissen; Parteien an den Rändern agitierten gegen die Mitgliedschaft in der Union.[19]

Dass es zu einer Revolte oder gar zum Austritt führen kann, wenn in der Union der Raum für Mitsprache und für die Diskussion von Alternativen fehlt, zeigte sich nirgendwo so deutlich wie im Vereinigten Königreich. Um es in bekannten politologischen Begriffen zu sagen: Das Fehlen von *klassischer* Opposition, das heißt: des vertrauten Modells, in dem Parteien zwar inhaltlich opponieren, das System als solches aber respektieren, bereitet den Boden für *Fundamentalopposition*, das heißt: für Gegenkräfte, die nicht nur die Regierung und ihre Politik angreifen, sondern die Legitimität der gesamten politischen Ordnung in Zweifel ziehen.[20]

Gewiss, die Brexit-Kampagne lebte von Lügen und falschen Versprechungen, dennoch ist verblüffend, wie es ihr gelang, die Aversion gegen die demokratische Ungreifbarkeit von Beschlüssen der Union zu mobilisieren. Das in Jahrzehnten gewachsene Misstrauen gegenüber Brüssel mit seiner Regelungswut, der unpersönlichen Art der Beschlussfassung und den ohne die Mitwirkung Westminsters zustande gekommenen Entscheidungen drückte sich in dem raffinierten Slogan *Take back control* aus. Der prominente Brexit-Verfechter Michael Gove sagte dazu: »Ich denke, die Menschen in diesem Land haben genug von Experten von Organisationen mit irgendwelchen Abkürzungen« – ein Satz wie ein Dolchstoß und ein direkter Angriff auf die Entpolitisierungsmaschine.

Wir haben bereits gesehen, dass der griechische Ministerpräsident Tsipras und sein Minister Varoufakis 2015 in der aufflackernden Eurokrise eine wichtige Rolle spielten, indem sie die angebliche Alternativlosigkeit des von ungreifbaren Brüsseler Kräften geschriebenen Dramentextes infrage stellten; im Gegensatz zu den Brexiteers machten sie allerdings auch die politischen Dilemmata sichtbar, während sie vor einer nun europaweiten Öffentlichkeit für ihren Standpunkt warben. Etwas Vergleichbares tat Viktor Orbán während der Flüchtlingskrise, die fast gleichzeitig für Schlagzeilen sorgte. Auch der Ungar formulierte ohne Scheu eine kohärente Alternative zu der von der Union vorgegebenen Linie, in diesem Fall als Reaktion auf Merkels Willkommenskultur; dem biblischen Gebot der Barmherzigkeit stellte er listig das Narrativ vom Kreuzritter als Streiter für das Abendland gegenüber. Auch dieser Dissident, ein autokratischer Nationalist, suchte auf dem Terrain des Gegners, insbesondere Deutschlands, öffentliche Unterstützung.[21] In beiden Momenten entstand eine unvorhergesehene Konfliktdynamik zwischen europaweiten Kräften der Regierung und der Opposition.

Während der Pandemie setzt sich diese Entwicklung in auffälliger Weise fort. In der Debatte um die Corona-Aufbaufonds betritt die »sparsame Opposition« die gemeinsame Bühne, mit Rutte und Kurz als den Wortführern. Angesichts des medizinischen Notstands in der Union können sie sich mit ihrem Plädoyer für *weniger* Hilfe nicht gegen den Appell an die Solidarität durchsetzen. Schon die Oppositionsrolle an sich ist für beide Regierungschefs gewöhnungsbedürftig, hatten sie doch bisher in europäischen Geldangelegenheiten zusammen mit Schatzhüterin Merkel für Sparsamkeit gesorgt. Trotzdem bespielen auch diese Opponenten die europäische Öffentlichkeit. Rutte betont im *Corriere della Sera*, es sei kein Geizreflex, wenn man auf strenger Aufsicht bestehe, sondern es komme der wirtschaftlichen Schwungkraft und somit den betroffenen Bevölkerungen zugute. Auch außerhalb der »sparsamen« Länder finden ihre Argumente Gehör, vor allem in wirtschaftsliberalen und konservativen Kreisen. In deutschen Medien ist der gesprächige Österreicher Kurz Stammgast. Rutte ist vergleichsweise zurückhaltend, aber es fällt auf, dass FDP-Chef Christian Lindner im Bundestag und in Interviews den niederländischen Liberalen zitiert. Anscheinend hat der Niederländer hinter den Kulissen eine transnationale Allianz für Opposition und Gegendruck mobilisiert.

Dennoch kommt es in der Gesundheitskrise nicht zur vollen Entfaltung einer sprachgewandten europäischen Opposition, was am besonderen Charakter dieser Notsituation liegt. Es ist die Stunde der Experten. In der Anfangsphase ist die Versuchung groß, Virologen und Epidemiologen für harte politische Entscheidungen mitverantwortlich zu machen. Wissenschaftler finden sich plötzlich als Souffleure wieder; einige werden auf die Bühne geholt. In dieser Situation steht Widerspruch im Abseits. Öffentlichkeit und Politik entdecken zwar nach einiger Zeit, dass die Wissenschaftler sich ihrerseits nicht immer einig sind, dass Wissenschaft definitionsgemäß zweifelt, selbst Opposition generiert, weshalb hier und da gefordert wird, dass die getroffenen Entscheidungen von den regierenden Politikern erklärt und gerechtfertigt werden, selbstverständlich auf der Grundlage der Erkenntnisse von Experten. Doch dann ist der Schaden schon angerichtet, die Gelegenheit für *klassische*, inhaltliche Opposition ist verspielt – und das Publikum versammelt sich wieder einmal auf eigenen, alternativen Plattformen.

Als ein paar Hundert Neonazis und Impfgegner im August 2020 die Treppe zum Berliner Reichstag stürmen, erregt das in ganz Europa Aufsehen. Der Mund-Nasen-Schutz als greifbare, physische Beschränkung ist für die selbsternannten Freiheitskämpfer in Nord- und Westeuropa eine Provokation, während sich im traumatisierten Italien die Stimmung gegen Maskenskeptiker wie den Nationalpopulisten Matteo Salvini wendet. Unterstützung finden Gegner der Corona-Maßnahmen bei Politikern auf der lokalen oder regionalen Ebene. In Marseille werden Lokalpolitiker zum Sprachrohr einer Fronde von Einzelhändlern und Wirten, die gegen Maßnahmen aus der Hauptstadt Paris aufbegehren. In London werben dissidente Konservative für eine Regelung, die dem Parlament bei jeder Verschärfung der Maßnahmen ein Vetorecht geben soll. Überall findet ein Konflikt zwischen *behavioral fatigue* und Bürgerpflicht statt, zwischen Arbeit und Gesundheit, Selbstbestimmung und Solidarität.

Während auf den nationalen Bühnen der Konflikt zwischen den kranken Körpern und den arbeitenden Körpern tobt – wobei die Erfolgsaussichten je nach Sterblichkeitsraten, Arbeitsplatzverlusten und Impfversprechen wechseln –, wird dieses leidenschaftliche Drama um unlösbare Dilemmata auf der europäischen Bühne nicht aufgeführt. Unsere Union, sagte der Corona-Wiederaufbaufonds, ist in erster Linie für die arbeitenden Körper da. Welch geringe Rolle das

Thema Gesundheit in der paneuropäischen Öffentlichkeit spielt, zeigt der Rücktritt des irischen Handelskommissars Phil Hogan nach seiner Teilnahme an einem Fundraising-Dinner in Dublin, bei dem gegen die Coronaregeln verstoßen wurde. Erst unter dem Druck der *irischen* Öffentlichkeit und Regierung tritt er zurück; aus der europäischen Öffentlichkeit kam keine Kritik an seinem Verhalten.

In *einem* Staat auf dem europäischen Kontinent entspringt Opposition einem entgegengesetzten Impuls – als Aufbegehren nicht gegen ein epidemiologisches Zuviel, sondern gegen ein gleichgültiges Zuwenig an Pandemiebekämpfung: Belarus. Dort bricht im Sommer 2020 der erste Corona-Aufstand der Welt aus. Von Anfang an hat Diktator Alexander Lukaschenko, seit sechsundzwanzig Jahren an der Macht, die Pandemie geleugnet. Er diagnostiziert eine »Psychose« und empfiehlt maskuline Mittel wie Wodka, Sauna und Traktorfahren – ein populistischer Strongman-Aufguss im Geiste des betenden Jair Bolsonaro mit seiner »kleinen Grippe« oder des Bleichmittel-Injektionen empfehlenden Donald Trump. Es kommt kein Lockdown. Die Fußballsaison wird in Belarus als einzigem Land Europas nicht unterbrochen, die Siegesparade am 9. Mai in Minsk findet statt. Unterdessen infizieren sich viele Belarussen mit Covid-19. Bei den Wahlen am 6. August geben Millionen Wählerinnen und Wähler zu verstehen, dass sie diesen Präsidenten nicht mehr wollen; danach protestieren Woche für Woche Zehntausende auf den Straßen gegen die offensichtliche Wahlfälschung. Die Wut auf Lukaschenko hat viele Gründe, von den viel zu niedrigen Renten bis zum schlechten Bildungssystem, aber das Versagen des Präsidenten in der Pandemie wird zum Auslöser des öffentlichen Protests.[22] Durch dieses Versagen als Beschützer verliert er seine Autorität, so dass ihm nur noch das Mittel der Gewalt bleibt. Und eine Reise nach Moskau. Während die Oppositionsführerin nach Litauen ins Exil geht, notiert der Präsident eifrig die Bedingungen des Kreml für weitere Unterstützung.

Nicht nur mit dieser unerwarteten Wendung am östlichen Rand Europas löst die Pandemie, die Menschenleben fordert und Gesellschaften zum Stillstand bringt, innerhalb kurzer Zeit auch geopolitische Beben und tektonische Verschiebungen aus – und das stellt die europäische Öffentlichkeit vor neue Fragen.

Ein Neuanfang?

»Mitbürger, die Elite hat uns im Stich gelassen – wir müssen unsere eigene europäische Republik gründen«, verkündet ein deutsch-italienisches Europaaktivisten-Duo während der ersten Corona-Welle in einem im *Guardian* veröffentlichten Manifest.[23] Nach Ansicht der Autoren zerfällt die Union jetzt nach zehn Krisenjahren endgültig, weshalb ein von Grund auf neues Europa aufgebaut werden müsse. Nach dem Vorbild der Abgeordneten des französischen Bürgertums, die am 20. Juni 1789 mit dem sogenannten Ballhausschwur gelobten, nicht auseinanderzugehen, bevor Frankreich eine Verfassung bekommen habe – die Revolution und die Geburt der Republik waren die Folge –, sollen die Bürger Europas ihre verfassungsgebende Macht mobilisieren und verankern. In den Begriffen John Deweys ausgedrückt, sieht sich diese einflussreiche Minderheit als »neue Öffentlichkeit«, die in ihrer Entfaltung durch alte Formen behindert wird.

Dass die Langsamkeit, mit der sich die Metamorphose Europas vollzieht, nicht wenige frustriert, ist gut nachvollziehbar. Damit man sich auf künftige Entwicklungen einstellen und Mitgliedstaaten um gemeinsamer Interessen willen auf eine Linie bringen kann, braucht es ein starkes, überzeugendes Narrativ zur europäischen *res publica*. Solange dieses Narrativ schwach ist, kann sich der öffentliche Auftrag nicht in einer institutionellen Form konkretisieren – dann bleibt nur das improvisierende Reagieren auf Krisen. Ein revolutionäres Narrativ wird diesen Teufelskreis jedoch nicht beenden; die Öffentlichkeit ist nicht empfänglich für eine Tabula-rasa-Verheißung.

Und doch bewegt sich etwas. Das Bewusstsein für die europäische *res publica* wird außer durch den Schock der Pandemie zugleich durch externe Kräfte gestärkt, die sowohl die Union zum Handeln zwingen als auch ein Narrativ bereitstellen. Auf der ganz großen Bühne, zwischen der Volksrepublik China und den Vereinigten Staaten, wartet auf Europa eine neue Rolle, vor der es sich nicht drücken kann.

5. Geopolitik: Zwischen China und den USA

> Wie wenig Europäer verstehen zu
> lächeln: ein paar alte französische
> Minister, ein paar alte italienische
> Finanzmänner, drei englische Lords.
> Jemand behauptete neulich, er habe
> noch nie einen Deutschen lächeln
> sehen. […] Aber das Volk der Chine-
> sen mit seiner viertausendjährigen
> Kultur hat eine wunderbare Schulung
> im Lächeln. Denn es ist nichts weiter
> und nichts weniger als eine Disziplin.
> […] Warum immer ein ernstes
> oder böses oder trauriges oder
> enttäuschtes Gesicht machen?
> Warum in der Öffentlichkeit seine
> Seele bloßlegen?
> *Iwan Goll*, Die Eurokokke[1]

> One feature of the usual script for
> plague: the disease invariably comes
> from somewhere else.
> *Susan Sontag*, Aids and its
> Metaphors[2]

Masken und Bleichmittel

Am 6. Februar 2020 unterrichtet der chinesische Präsident
seinen amerikanischen Amtskollegen telefonisch über die
Corona-Epidemie in seinem Land. Man habe sie dank mas-
siver Anstrengungen unter Kontrolle gebracht, so Xi Jinping,
und die chinesische Wirtschaft werde bald wieder wachsen.
Präsident Trump äußert seine Bewunderung für den schnel-

len Bau von Nothospitälern und erklärt sich bereit, Experten und Unterstützung zu schicken. Ein Routinetelefonat.

Trotzdem ist dem Amerikaner nicht entgangen, was die Nachrichten aus Peking bedeuten. Am nächsten Morgen sagt er einem Journalisten: »Das ist tödliches Zeug«, das Virus sei viel schlimmer als eine Grippe und es verbreite sich auch über die Luft.[3] Während in europäischen Hauptstädten in diesem Moment nur bei dem einen oder anderen Virologen ein rotes Lämpchen blinkt, erkennt man in Washington das potenzielle Ausmaß der Gefahr schnell auch auf der höchsten politischen Ebene. Bereits Ende Januar – in den Vereinigten Staaten ist bis dahin noch niemand an Covid gestorben – ist Trump von seinem Nationalen Sicherheitsberater eindringlich gewarnt worden: »Dies wird die größte Bedrohung der nationalen Sicherheit sein, der Sie sich in Ihrer Präsidentschaft stellen müssen.«[4] Eine Woche nach dem Gespräch mit seinem imperialen Kontrahenten – die amerikanische Wirtschaft brummt, die Umfragewerte sind günstig, die Wahlkampfkasse füllt sich – bekommt Trump von seinem Wahlkampfleiter zu hören: »Es ist das Einzige, was Ihrer Präsidentschaft ein Ende bereiten kann.« Worauf der Präsident abschätzig fragt: »This fucking virus, what does it have to do with me getting reelected?«[5]

Im März 2020 verschiebt sich der Schwerpunkt der Covid-Pandemie von China und Südkorea nach Europa; im folgenden Monat nach Nord- und Südamerika; anschließend zurück auf den asiatischen Kontinent, besonders Indien. Auf der Weltbühne beobachten die Akteure einander genau. Für Regierungen kommt es darauf an zu wissen, ob die Bedrohung näher rückt, von den Maßnahmen anderer zu lernen, eventuell Hilfe zu leisten oder zu erbitten. Es ist die übliche diplomatische Interaktion in jeder Krise, wobei jedoch durch Covid-19 eine Dimension an Bedeutung gewinnt: die machtpolitische. Im Gegensatz zu einem Erdbeben oder einer anderen klassischen Naturkatastrophe bietet eine durch Menschen verbreitete Krankheit die Gelegenheit, andere Akteure in einem schlechten Licht erscheinen zu lassen, sie zu schwächen oder zu manipulieren. Wer trägt die Schuld? Wer bringt die Seuche nicht unter Kontrolle? Wer hilft? Wessen Darstellung überzeugt?

Im pandemisch-politischen Mahlstrom des Frühjahrs 2020 gelangt die schwer geprüfte europäische Öffentlichkeit zu vier so entlarvenden wie erschütternden Erkenntnissen. Erstens: Europa ist in dieser Katastrophe nicht der Retter in der Not, das Rote Kreuz der Welt, sondern selbst das bedauernswerte Opfer. Zweitens: Bei der Bekämpfung der Pandemie ist der große Verbündete, der seit 1945 in allen internationalen Krisen die Führungsrolle gespielt hat – die Vereinigten Staaten –, abwesend, ja, sogar selbst in einem mitleiderregenden Zustand. Drittens: Es ist das ferne, fremde und von den meisten Europäern verkannte oder unterschätzte China, das per Flugzeug tonnenweise medizinisches Material liefert. Und viertens, um die Demütigung vollständig zu machen: Die europäische Öffentlichkeit erfährt am eigenen Leibe, dass zwischen Nothilfe und Machtpolitik ein schmaler Grat liegt, dass ein Wohltäter Forderungen vorbringen kann. All diese Erfahrungen stellen das geografisch-historische Selbstbild Europas auf den Kopf. Auf der Weltkarte der Emotionen tauschen Mitleid und Respekt die Plätze. Die Pandemie zwingt Europa zu einer postkolonialen Sicht der Volksrepublik China, einer postatlantischen Sicht der Vereinigten Staaten und einer Neubestimmung der eigenen kontinentalen Position und Identität.

»Maskendiplomatie« ist das Phänomen, das diese Verschiebungen am deutlichsten sichtbar macht. Italien, wegen der Verbindungen der lombardischen Industrie zu chinesischen

Produktionszentren wie Wuhan besonders schwer von dem Virus heimgesucht, profitiert als Erstes von den rettenden Aktivitäten. Am 12. März landet, von den Medien aufmerksam registriert, ein Flugzeug des chinesischen Roten Kreuzes in Rom – und nicht in Mailand, dem Zentrum der Epidemie, was den diplomatischen Charakter der Mission unterstreicht. Außenminister Di Maio preist die Solidarität zwischen den beiden Ländern. Gleichzeitig bestellt die italienische Regierung für mehr als 200 Millionen Euro medizinisches Material. Es folgen weitere Hilfslieferungen, auch von regionalen und lokalen Behörden, in drei Fällen fliegt sogar medizinisches Personal mit. Große Unternehmen und Stiftungen wie etwa die Jack Ma Foundation helfen ebenfalls. Die Hafenbetreiber von Genua und Triest werden von ihren chinesischen Partnern nicht vergessen.

Serbien ist eine weitere Station auf dieser neuen Seidenstraße von Krankheit und Gesundheit. Mitte März begibt sich Präsident Aleksandar Vučić persönlich zum Belgrader Flughafen, um eine Ladung Schutzmasken in Empfang zu nehmen. »Europäische Solidarität ist ein Kindermärchen«, sagt er bei dieser Gelegenheit. »Ich glaube an meinen Bruder, ich glaube an Xi Jinping.« Ende März erklärt in Prag Präsident Miloš Zeman, China sei das einzige Land, das Tschechien geholfen habe. Hier zahlt sich aus, dass die Regierung in Peking schon seit den fünfziger Jahren gute Beziehungen zu den ehemaligen kommunistischen »Bruderländern« in Mittel- und Osteuropa pflegt.

Für die Länder West- und Südeuropas, die über Marshallplan und Nato-Schutz hinaus auf amerikanische Hilfe zählen konnten, gilt das nicht. So führt in den schwer getroffenen Niederlanden die chinesische Maskendiplomatie zu Stirnrunzeln. Zum Dank für die Hilfe, die der Flughafen Schiphol und die Fluggesellschaft KLM im Januar und Februar in

Form diskreter Hilfsflüge *nach* China geleistet haben, spenden drei chinesische Fluggesellschaften im folgenden Monat der KLM medizinische Schutzausrüstung. Im April heißt Gesundheitsminister Martin van Rijn in Schiphol persönlich eine von der Alibaba Group und Huawei gespendete Lieferung willkommen. Überheblich erklären die Niederlande 600 000 gegen Bezahlung gelieferte Schutzmasken für unbrauchbar; die chinesische Botschaft kann die Sache mit einiger Mühe ausbügeln.

Europa hat sich im Imagewettkampf selbst in Rückstand gebracht. Die Corona-Hilfsgüter, die zu Jahresbeginn unter anderem aus Deutschland, Frankreich, Italien und den Niederlanden tonnenweise in die entgegengesetzte Richtung geliefert wurden, hatte man auf Bitten Pekings hin ohne wehende Fahnen und Trommelwirbel geschickt. China duldet keinen Gesichtsverlust. Am 6. April führt die Europäische Kommission in einer Pressemitteilung nachträglich die nackten Zahlen und Fakten auf – fürs Protokoll, denn für die große Bühne ist es zu spät.[6] Dort möchte die Pekinger Führung alle überstrahlen.

Und dabei sind alle Mittel erlaubt. In Paris kritisiert der chinesische Botschafter das Versagen Frankreichs im Umgang mit der Pandemie in unbeherrschtem Ton, was für ihn freilich zum Bumerang wird.[7] Die subtilen europäischen Codes für das Gespräch zwischen Amtsträgern und Öffentlichkeit beherrscht Peking noch nicht. In Berlin reagieren Parlamentarier schockiert auf einen Zeitungsbericht, laut dem chinesische Diplomaten deutsche Ministerialbeamte dazu ermuntern wollten, sich positiv über Xi Jinpings Corona-Management zu äußern.[8] Die Regierung teilt dem Bundestag mit, dieser Bitte sei nicht entsprochen worden. Ein aufmerksamer Kommentator bemerkt, dass nicht das Außen-, sondern das Innenministerium die Beantwortung der entsprechenden Abgeordnetenfrage übernommen habe. »Das bedeutet, dass China Innenpolitik geworden ist: Das ist die neue Realität unserer Beziehung zu diesem Land.«[9]

Die Pandemie verschafft nicht nur einem selbstbewussten China großen Handlungsspielraum, sondern macht zugleich sichtbar, dass China eine Europapolitik betreibt, der keine europäische Chinapolitik gegenübersteht.[10] Öffentliches Unbehagen kündigt sich an.

Wie entschlossen Peking auf die Pandemie reagiert, tritt umso deutlicher hervor, als gleichzeitig in den Vereinigten Staaten zynische Tatenlosigkeit zur Schau gestellt wird. In den ersten zehn Monaten des Jahres fallen dort – in absoluten Zahlen – mehr Menschen dem Virus zum Opfer als in irgendeinem anderen Land. Immer wieder verharmlost der Präsident die Gefahr (»eine Art Grippe«). Was Experten und Berater sagen, kümmert ihn kaum. Ende April empfiehlt er ein Bleichmittel als Medizin gegen Covid; Hunderte Amerikaner landen nach einem Griff in den Putzmittelschrank mit Vergiftungserscheinungen im Krankenhaus.

Natürlich, die Schattenseiten der amerikanischen Realität – rassistische Gewalt, ausgeprägte soziale Ungleichheit, verhängnisvolle (Interventions-)Kriege, massenhafte Abhängigkeit von Schmerzmitteln, erstarrte politische Verhältnisse – sind in Europa nicht unbekannt. Dennoch wurde bis zur Corona-Pandemie vor allem die Lichtseite gesehen: demokratische Freiheit, Innovationsfreude, Tatendrang, Zukunftsvertrauen. Doch kurz nach der Bleichmittel-Episode schreibt ein Kolumnist in der *Irish Times* treffsicher: »In mehr als zwei Jahrhunderten haben die Vereinigten Staaten im Rest der Welt zahlreiche Emotionen erweckt: Liebe und Hass, Verachtung und Neid, Wut und Respekt. Aber dieses Gefühl war neu: Mitleid.«[11]

Innenpolitisches Versagen untergräbt den Anspruch Amerikas auf moralische Überlegenheit und die Führungsrolle in der Welt. In der Anfangsphase der Pandemie agiert Präsident Trump noch ganz dem vertrauten Drehbuch entsprechend; mit Bezug auf Südkorea sagt er: »Sie haben einen Haufen Infizierte, wir nicht. Dazu kann ich nur sagen: ›Bleiben Sie ruhig.‹ […] Die Welt verlässt sich auf uns.«[12] Doch das ist schnell vorbei. Nicht nur weil die Pandemie daheim ihn zwingt, im weltweiten Rennen um Mittel zur Corona-Bekämpfung *America First* zu spielen, sondern auch, in engem Zusammenhang damit, weil er sein außenpolitisches Handeln völlig der Schuldfrage und der Rivalität mit China unterordnet.

Mitarbeiter Trumps verbreiten die ansteckende Vorstellung, das Virus sei aus einem Labor in Wuhan entwischt. Trump und Außenminister Mike Pompeo sprechen vorzugsweise vom »Wuhan-« oder »China-Virus«. Als Frankreich, Deutschland, Italien, Großbritannien, Kanada und Japan diese Benennungen Ende März während einer G7-Videokonferenz auf ministerieller Ebene ablehnen, endet die Besprechung im Streit. Washington beschuldigt anschließend die WHO, Peking zu decken und Untersuchungen zum wahren Ursprung der Seuche zu blockieren. Im April kündigt Trump an, die amerikanischen Zahlungen an die Organisation einzustellen; im Juli erklären die Vereinigten Staaten ihren Austritt. Ein rhetorischer Zweikampf zwischen den beiden geopolitischen Rivalen beherrscht die Weltbühne. Als Großer Verbreiter des »China-Virus« attackiert, verspottet Peking den Washingtoner Anführer der Infizierten Welt wegen seiner erbärmlichen Reaktion auf Covid-19. Als das amerikanische Außenministerium Ende Mai erklärt, die chinesische Regierung breche mit dem neuen Sicherheitsgesetz »ihr Versprechen gegenüber der Bevölkerung Hongkongs«, pariert der chinesische Außenamtschef den Angriff auf Twitter einfach mit »I can't breathe«, den letzten Worten von George Floyd, dessen brutale Tötung wütende Proteste in sämtlichen US-Bundesstaaten ausgelöst hat. So ist die amerikanische Gesellschaft in einen zweifachen Kampf um die Körper verwickelt; im Wahljahr 2020 geht Politik unter die Haut.

In dieser geopolitischen Schlacht der Narrative sind die Europäer zwischen den Fronten gefangen. Beide Supermächte fordern von ihnen das Bekenntnis zu ihrer jeweiligen Version der großen Corona-Story. Xi Jinping erwartet Dankbarkeit für das gelieferte Hilfsmaterial; dazu gehört auch, dass man besser nichts über den Wuhan-Markt sagt oder über verpasste Gelegenheiten, das Virus früher zu stoppen. Donald Trump will vom Versagen im eigenen Land nichts wissen und fordert von seinen Vasallen Treue in einer geopolitischen Auseinandersetzung, die in Washington als neuer Kalter Krieg zwischen Freiheit und Tyrannei dargestellt wird.

Ein vielsagender Zwischenfall zeigt, dass diese Kräfte erstmals auch in den Brüsseler Kulissen spürbar werden. Die Taskforce zur Bekämpfung von Desinformation – eine Abteilung des Europäischen Auswärtigen Dienstes, die als Reaktion auf russische Propaganda gegründet wurde, seit 2019 aber auch entsprechende Aktivitäten Chinas untersucht – schrieb im April 2020 in der vorläufigen Fassung eines Corona-Berichts, Peking versuche mit einer »weltweiten Desinformationskampagne«, die Verantwortung für den Ausbruch von sich abzuwälzen.[13] Der Text fand den Weg in die Presse, woraufhin man befürchtete, China könne im Gegenzug medizinisches Material zurückhalten. Nachdem EU-Diplomaten in Peking unter Druck gesetzt worden waren, wobei von »Konsequenzen« die Rede war, wurde die Passage abgemildert. Einem Bericht der *New York Times* zufolge hat ein Berater Josep Borrells, des EU-Beauftragten für Außen- und

Sicherheitspolitik, darauf gedrängt, die Veröffentlichung des Papiers zu verschieben. Prompt folgte Kritik von der anderen Seite des Kräftefelds. Der Botschafter der Vereinigten Staaten in den Niederlanden, Pete Hoekstra, twitterte am 29. April genüsslich über die Einschüchterung durch China: »Wahre Freunde tun das nicht. […] #ZeitfürdieWahrheit«. Worauf Borrell vor dem Europäischen Parlament erwiderte: »Das ist eine normale Arbeitsweise. Wir haben uns keinem Druck gebeugt.«[14]

Tatsächlich gehört zur Diplomatie, wie Borrell bemerkt, dass man … diplomatisch ist. Auch die Rohfassungen unangenehmer Briefe sind häufig ein wenig schärfer als das, was der Adressat schließlich zu lesen bekommt. In einem solchen Fall hat man nicht schon seine Seele dem Teufel verkauft, sondern lediglich Empfindlichkeiten, mögliche Konsequenzen und Interessen berücksichtigt. Prinzipienreiterei gegen die Kommunistische Partei Chinas mag heldenhaft erscheinen, aber wer zu wenig Masken hat, um seine Bürger zu beschützen, gerät schnell in Atemnot.

So zieht Europa aus den beunruhigenden Erfahrungen des Frühjahrs und Sommers 2020 die ersten Schlussfolgerungen. Will die Union nicht zwischen der Volksrepublik und den Vereinigten Staaten, die beide eine geomedizinische Teile-und-herrsche-Politik verfolgen, in der Falle sitzen, muss sie selbst die ausreichende Produktion (oder Beschaffung) medizinischen und pharmazeutischen Materials gewährleisten. Ohne strategische Autonomie keine narrative Souveränität.

Vor dem trostlosen Hintergrund der Pandemie zieht die Mehrheit der amerikanischen Wähler am 3. November 2020 den demokratischen Tröster und *healer* Joe Biden dem Covid-Leugner im Weißen Haus vor, der sechs Wochen vor dem Wahltermin eine Superspreader-Party für seine neue

Bundesrichterin veranstaltet und sich dabei selbst infiziert hat. Von allen überraschenden Wendungen, die das Virus in der Welt verursacht, ist dies eine der besonders spektakulären: Ein knappes Jahr nach seinem Sprung vom Tier auf den Menschen wirft Sars-CoV-2 wahrhaftig den Potus aus dem Sattel.

Im großen imperialen Wettstreit wird Europas eigene Metamorphose umso dringlicher. Regelpolitische Textsicherheit reicht nicht, um selbstbewussten Gegenspielern und großen Schwierigkeiten die Stirn zu bieten; diese Lektion aus den vergangenen Krisenjahrzehnten gilt erst recht für die weltpolitische Bühne. Und so wird die Europäische Union sowohl gegenüber der Volksrepublik als auch gegenüber den Vereinigten Staaten Ereignispolitik betreiben müssen – als Akteur, der über Macht und ein überzeugendes Narrativ verfügt. Eine zweifache historische Wende.

Von China kolonisiert

Für China mit seinem besonderen Zeitgefühl und langen Atem muss die Maskendiplomatie des Jahres 2020 eine historische Genugtuung sein: die ironische Umkehrung der »Kanonenbootdiplomatie« der Jahre 1840 bis 1860, als zunächst britische, bald auch französische und amerikanische Marineschiffe ihren Ländern mit Gewalt Zugang zu chinesischen Häfen und Märkten verschafften, insbesondere um dort Opium zu verkaufen. Damals westliche Drogendealer, heute das chinesische Rote Kreuz. Die Plünderung des Kaiserlichen Sommerpalastes während einer der Militäraktionen des Jahres 1860 ist ins kollektive Gedächtnis Chinas eingegraben.[15] Mit den kolonialistischen Verbrechen begann das »Jahrhundert der Erniedrigung« Chinas durch die Europäer, die Vereinigten Staaten und Japan, das nach der offiziellen Geschichtsschreibung erst 1949 dank Mao und der Kommunistischen Partei ein Ende fand.[16]

Auf seinem langen Marsch zurück zu internationaler Geltung musste sich China, trotz seines historisch-kulturellen Ansehens und demografischen Gewichts, lange mit einer Nebenrolle begnügen. Die Mao-Jahre brachten China die Position der dritten Weltmacht hinter den Vereinigten Staaten und der Sowjetunion, aber auch Anarchie, Gewalt und Hungersnot. Erst dank Deng Xiaopings wirtschaftlicher Liberalisierung konnte sich das Land von 1978 an aus Armut und Rückständigkeit zur »Werkstatt der Welt« hocharbeiten. Allerdings hatte dieses Arrangement noch koloniale Züge: Ein fleißiges China stellt billige Waren für westliche Konsumenten her und importiert im Gegenzug hochwertige Maschinen und Luxusgüter.

In den zurückliegenden Jahrzehnten hat China seinen wirtschaftlichen Erfolg jedoch zunehmend in politische Macht umgemünzt. 2008 zeigte sich das erstmals in aller Deutlichkeit. Am 8. August dieses Jahres erlebte die Welt, wie in Peking die ersten Olympischen Sommerspiele auf chinesischem Boden eröffnet wurden, einige Stunden, nachdem im Kaukasus ein Krieg zwischen Russland und Georgien ausgebrochen war. Die chinesische Staatsführung nutzte das Sportfest für eine klare geopolitische Ansage: »Wir sind wieder da.« Nur wenige Europäer, die vor dem Fernseher die Eröffnungszeremonie verfolgten, werden geahnt haben, wie schnell auch ihre eigene Existenz von dieser Entwicklung betroffen sein würde.

Das olympische Feuer in Peking war kaum gelöscht, als in New York eine große Investmentbank zusammenbrach. Im Angesicht der drohenden finanziellen Katastrophe reagierten die amerikanisch-europäischen Eliten dermaßen panisch und ratlos, dass sie viel Ansehen bei den Wählern und im Rest der Welt verspielten. Das Debakel bestärkte China in der Überzeugung, wirtschaftlich und politisch auf dem richtigen Weg zu sein, zumal die chinesische Ökonomie als einzige der großen Volkswirtschaften beständig wuchs und alsbald Japan als globale Nummer zwei überholte. Im November 2008 fand das erste G20-Gipfeltreffen statt, und jeder konnte sehen, dass die G8 aus westlichen Industriemächten plus Japan und Russland ihre große Zeit hinter sich hatten. Ein weltweites Krisentreffen ohne China war sinnlos; en passant bekamen auch Indien, Brasilien, Saudi-Arabien und die Türkei einen Platz am Tisch. Die Menge der Teilnehmer konnte nicht darüber hinwegtäuschen, dass es im Wesentlichen um das finanzielle Verhältnis zwischen den Vereinigten Staaten und China ging; bald sprach man von den G2.

Nach der Bankenkrise – und der darauf folgenden Eurokrise – suchten zahlreiche europäische Regierungen händeringend nach Geldquellen, Investoren, Käufern von Staatsanleihen, Exportmärkten. China trat als ökonomischer Helfer und Retter in Erscheinung. Mit den Staaten im östlichen Europa und auf dem Balkan veranstaltet Peking auf eine polnische Initiative hin seit 2012 den »16+1«-Gipfel, ein jährliches Treffen zwischen den mittel- und osteuropäischen Regierungschefs und dem chinesischen Präsidenten.[17] Es hat die Form von aufeinander folgenden Einzelgesprächen, getreu der chinesischen diplomatischen Tradition aus der Kaiserzeit, Beziehungen zu schwächeren Nachbarländern bilateral zu gestalten. Mittel- und osteuropäische Partner sind für China unter anderem wegen der 2013 von Xi gestarteten Belt-and-Road-Initiative interessant; Europa ist der westliche Endpunkt der Neuen Seidenstraße. Die teilweise von China finanzierte Bahnstrecke Belgrad-Budapest ist eines der Prestigeprojekte unter den Landverbindungen.

Der Erwerb des Hafens von Piräus durch China – das chinesische Staatsunternehmen Cosco, das vom Herbst 2008 an eine Reihe von Investitionen getätigt hatte, erwarb 2016 die Anteilsmehrheit – gilt mittlerweile als strategischer Fehler der Europäischen Union. Dank der Sparpolitik aus der Zeit der Eurokrise konnte sich Peking einen geopolitischen Trumpf zu einem Spottpreis sichern. Chinesische Unternehmen sind außerdem an anderen Häfen sowohl im Mittelmeerraum als auch an den atlantischen Küsten beteiligt, unter anderem Zeebrugge, Antwerpen, Rotterdam und Sines in Portugal. Das ist der maritime Teil der Seidenstraße.

Dennoch beunruhigt die chinesische Expansion nach 2008 – von Athen und Genua bis Budapest und Warschau – die *west*europäische Öffentlichkeit nicht sofort, findet sie doch vor allem bei den schwächeren Geschwistern der europäischen Familie statt. Das ändert sich von 2016 an infolge einer zweiten Welle von Erschütterungen. Nun entpuppt sich China als Rivale der Starken, statt nur Wohltäter der Schwachen zu sein.

Im Juli 2016 erwirbt der chinesische Konzern Midea für den Rekordbetrag von gut 4,5 Milliarden Euro die Firma Kuka, eine Perle unter den deutschen Technologieunternehmen. Der Augsburger Hersteller von Industrierobotern ist auch einer breiteren Öffentlichkeit bekannt; während eines Staatsbesuchs von Präsident Obama wenige Monate vor der Übernahme haben deutsche Zeitungen stolz ein Foto präsentiert, auf dem ein Kuka-Roboter für die Bundeskanzlerin und ihren amerikanischen Gast ein Weißbier einschenkt. Auf den Kuka-Schreck folgt eine ganze Reihe von chinesischen Investitionen in deutsche Spitzenunternehmen, außerdem weitere Übernahmeversuche. Seitdem hat die deutsche Wirtschaft – wie die amerikanische – die neue Situation erfasst: Peking meint es ernst mit dem 2015 beschlossenen strategischen Plan, China innerhalb eines Jahrzehnts zur Führungsmacht unter anderem auf den Gebieten Informations- und Kommunikationstechnologie, künstliche Intelligenz, Robotik und Raumfahrt zu machen.

Erst als Deutschland zur Beute Chinas wird, kommt eine gemeinsame europäische Antwort. Nach einem Brandbrief der Wirtschaftsminister Deutschlands, Frankreichs und Italiens an die Kommission wird – nach EU-Maßstäben blitzschnell (2017 bis 2019) – ein Mechanismus zur Überprüfung ausländischer Direktinvestitionen geschaffen. Den regelpolitischen Sitten entsprechend wird dabei die Volksrepublik nicht beim Namen genannt, doch die geoökonomische Zielrichtung der neuen Instrumente ist für alle klar.

Die Pandemie von 2020 löst eine dritte Erschütterung aus, die der Öffentlichkeit die geopolitische Macht und Selbstsicherheit Chinas deutlicher bewusst macht. In diesem Fall reicht diese Macht weit über einen kleinen Kreis von Betroffenen und Spezialisten hinaus und wird im Herzen der europäischen Öffentlichkeit spürbar, denn diesmal fällt das Scheinwerferlicht auf die eigene Verwundbarkeit.

Die veränderten Verhältnisse machen sich prompt in der Verteilung politischer Verantwortlichkeiten bemerkbar: China wird Chefsache. Der für September 2020 in Leipzig vorgesehene Gipfel aller 27 Staats- und Regierungschefs mit Präsident Xi findet zwar wegen Reisebeschränkungen nicht statt. Doch Anfang Oktober bekennen sich die Mitglieder des Europäischen Rates einstimmig zum Ziel der »strategischen Autonomie«.[18] Die durch Corona offenbarte Verwundbarkeit und Abhängigkeit auf medizinisch-pharmazeutischem Gebiet nötigt dazu, sich aus der Falle zwischen China und Amerika zu befreien. Plötzlich erscheint auch eigenständiges außenpolitisches Handeln der Union als *öffentliche Angelegenheit.*

Die Pandemie verstärkt in der Union den Wunsch nach »strategischer« Wirtschafts-, Wettbewerbs- und Industriepolitik. Nun setzt sich die Erkenntnis durch, dass für den Schutz der eigenen Interessen mehr nötig ist, als das Paradigma des freien Marktes vorsieht. Das ist nicht nur in Paris spürbar (den Franzosen war solches Denken nie fremd), sondern auch in Berlin, Brüssel und sogar Den Haag (wo man seit je eher auf die »unsichtbare Hand« vertraut). Eine historische Wende.

Seit Jahrhunderten betreibt Europa eine *offensive* Handelspolitik, die auf das Öffnen ausländischer Märkte ausgerichtet ist. In diesem Zusammenhang sind die heutigen WTO-Regeln, die Chancengleichheit auf dem Markt sichern sollen, die freundlicheren Nachfolger der alten Kanonenbootdiplomatie. Inzwischen erweist sich eine *defensive* Strategie als notwendig: Heute bestimmen andere Mächte, auf welchen Gebieten Europa seine Wirtschaft, seinen Wohlstand und seine Zukunftsaussichten verteidigen muss.

Chinas selbstsicheres Auftreten ist gewöhnungsbedürftig für Gesellschaften wie die europäischen, die sich als Mittelpunkt der Welt und Maß aller Dinge betrachten und in dieser Hinsicht seit 1800 nur wenige Anfechtungen erfahren haben. Zweifellos öffnet die Pandemie der europäischen Öffentlichkeit die Augen: China ist dabei, die im 19. und 20. Jahrhundert gefestigte Weltordnung substanziell zu verändern. Eine ökonomische Strategie wie die des heutigen China ist Europa von anderen Mächten als sich selbst und den Vereinigten Staaten nicht gewohnt; aus der Perspektive dieser anderen Mächte gibt es hier jedoch nichts Neues unter der Sonne, außer dass die Rollen vertauscht sind. All dies verlangt von der Europäischen Union Selbstreflexion, eine Neubestimmung der eigenen Position und Rückbesinnung auf die Regeln des geopolitischen Spiels.

Die Pandemiekrise macht drei Grundeigenschaften Chinas als strategischer Akteur sichtbar.[19] Erstens: langfristiges Denken. Als große, bevölkerungsreiche Zivilisation denkt China politisch in Jahrzehnten, Jahrhunderten und Epochen statt in Jahren oder bis zum nächsten Wahltermin. Wenn europäische Regierungschefs in Peking darüber sprechen, wie schwierig der Verlust der Hegemonie nach drei Jahrhunderten sei, antwortet man ihnen: »Wir waren 1700 Jahre von den 2000 Jahren seit Christi Geburt die führende Wirtschaftsnation.«[20] Aus chinesischer Perspektive ist die Covid-Krise eine Kräuselung im Wasser, der Tod von offiziell 3600 Personen ein kleiner Unfall.[21] Auch wenn es um die Zukunft geht, denkt man in längeren Zeiträumen. Xi Jinping hat das Jahr 2049 im Blick, wenn sich die rote Revolution zum hundertsten Mal jährt; bis dahin soll das Land (mit Taiwan unter seiner Herrschaft) wirtschaftlich, technologisch und wissenschaftlich eine Supermacht sein.

Die zweite Grundeigenschaft ist der Zentralismus. Die Kommunistische Partei Chinas ist mächtiger als der Staat. Xi ist in erster Linie Generalsekretär der KPCh, an zweiter Stelle Vorsitzender der Zentralen Militärkommission (als solcher Oberbefehlshaber der Streitkräfte) und erst an dritter Stelle Staatspräsident – die Funktion, in der er auf der Weltbühne agiert. Die Partei beherrscht den Staatsapparat, das Militär und die Staatsbetriebe und hat großen Einfluss auf die Privatunternehmen. Zwar hat Peking wegen der Zensur und des Fehlens freier Medien verspätet auf den Covid-Ausbruch reagiert (schlechte Nachrichten dringen nicht durch), aber der Zentralismus versetzt die Parteiführung auch in die Lage, gegenüber der Öffentlichkeit im In- und Ausland mit einer Stimme zu sprechen.

Die dritte Eigenschaft ist ein integraler Ansatz: Bei der Entscheidungsfindung werden die Dimensionen Politik, Wirtschaft und Sicherheit ganz selbstverständlich als ein Ganzes betrachtet. In der inländischen Wirtschaft äußert sich das in einer Art merkantilistischem Staatskapitalismus mit diffusen Grenzen zwischen Staats- und Privatfirmen. Die Belt-and-Road-Strategie wiederum ist ein hervorragendes Beispiel für chinesische Außenpolitik, in der sich wirtschaftliche Ambitionen bruchlos mit politischen und militärischen mischen – wobei, wenn es hilfreich ist, kulturelle Schmeicheleien eingesetzt werden.[22] Die Neue Seidenstraße ist gleichzeitig eine *Grand Strategy* und eine Initiative zum Aufbau eines Netzwerks. Deutlich sichtbar wird diese Strategie mit ihren fließenden Übergängen in der Maskendiplomatie: ein lehrbuchmäßiges Zusammenspiel von strategischem Planen, taktischem Vorgehen und Improvisation.

Dank dieser drei phänomenalen Trümpfe kann China mühelos strategische Prioritäten setzen und unmittelbar danach handeln. Die langfristige Perspektive sorgt für das nötige Selbstvertrauen, während der Zentralismus und der integrale Ansatz handlungsorientierte Entscheidungen erleichtern. Außerdem hat wegen der schieren Größe des Landes und seiner Bevölkerung alles, was China tut, Folgen für sämtliche anderen internationalen Akteure. So kann es die internationale Ordnung verändern.

Im Grunde »kopiert« China die im 20. Jahrhundert von den USA verfolgte globale Strategie, angepasst an die Bedingungen des 21. Jahrhunderts. *Pax Sinica.* Auch die Vereinigten Staaten verbanden und verbinden ja ganz offen Wirtschaft und Militärstrategie, Handel, kulturelle Ausstrahlung und Geopolitik. Europa dagegen neigt zur Trennung zwischen einzelnen Politikfeldern und dem Verteilen von Aufgaben auf viele Akteure, was die Möglichkeiten geostrategischen Handelns beschneidet.

Und doch beginnt man in der Europäischen Union die eigene strategische Schwäche und die Notwendigkeit einer Neuausrichtung in der Chinapolitik zu erkennen. Im Frühjahr 2019, ein Jahr vor dem Covid-Ausbruch, veröffentlichte die Kommission ein bemerkenswertes – und auch in Peking nicht unbemerkt gebliebenes – strategisches Dokument. Es definiert drei Rollen, die China für Europa und die Europäische Union spielt. *Partner* ist China im Hinblick auf globale Ziele wie etwa in der Klimapolitik, bei der Nichtverbreitung von Kernwaffen oder der Bekämpfung von Pandemien. *Konkurrent* ist China auf wirtschaftlichem und technologischem Gebiet. *Systemrivalen* schließlich sind China und Europa in dem Sinne, dass sie alternative politische Modelle verkörpern, wobei die Union großen Wert auf individuelle Grundrechte und demokratische Institutionen legt.[23]

Der Systemgegensatz, der für das meiste diplomatische Kopfzerbrechen sorgt, ist entscheidend für das Selbstverständnis der Union und für ihre Positionierung zwischen den Großmächten. Dreißig Jahre nach dem Fall der Berliner Mauer und Fukuyamas Ankündigung des »Endes der Geschichte« verabschiedet sich Europa von der Vorstellung, die liberale Demokratie sei das Telos der Entwicklung aller Staaten und Kulturen der Welt. Die Sache hat allerdings einen Haken: Wer einen »Systemrivalen« sieht, muss auch in den Spiegel schauen. Wer anerkennt, dass nicht alle in der Welt *gleich* werden müssen, kann sich nicht mit einem Selbstverständnis begnügen, das vorgibt, auf *universellen* Werten zu beruhen. Und wenn China sich als große Kultur und Weltmacht manifestiert, welches Selbstbild und welche Macht will oder kann Europa dem entgegensetzen?

Die von China ausgehenden Erschütterungen, denen die Europäer seit 2008 ausgesetzt waren und die in der Pandemie ihren vorläufigen Höhepunkt erreichen, sind vermutlich erst der Anfang. Wie sich der nächste Akt dieses geopolitischen

Dramas entwickeln wird, darüber entscheidet bei beiden das jeweilige Verhältnis zum Dritten in dieser Dreiecksbeziehung: den Vereinigten Staaten.

Nach der Pax Americana

Im Jahr 1917 betritt die amerikanische Republik zum ersten Mal als Macht unter den Mächten europäischen Boden. Die zahlenmäßige Stärke und frische Energie der Amerikaner beschleunigen das Ende des Schützengrabenhorrors. Doch schon 1920 – dem Jahr, in dem auch das pandemische Fieber der Spanischen Grippe ausgewütet hat – erteilt der Senat solchem Internationalismus eine Absage und beendet das erste europäische Abenteuer der Vereinigten Staaten.[24]

Anders nach dem Zweiten Weltkrieg. Die Rolle Amerikas als Nazi-Bezwinger und Besatzungsmacht geht nahtlos in die des Beschützers gegen den neuen, russischen Feind über, jedenfalls im westlichen und südlichen Europa. So bleiben die Vereinigten Staaten nach 1945 als imperiale Ordnungsmacht auf dem Kontinent. Als das Sowjetreich in den Jahren 1989 bis 1991 zusammenbricht, bauen sie ihre Position in östlicher Richtung aus. Europäische Regierungen finden sich mit dem Verlust eigener geopolitischer Handlungsmöglichkeiten ab. Diese einzigartige Verbindung zwischen der Supermacht und ihren Schützlingen hat ein norwegischer Historiker einmal mit dem Begriff »empire by invitation« charakterisiert.[25]

Die Pax Americana hat zwei Seiten: Es geht um globale allgemeine Interessen und um Eigeninteressen. Internationale Verträge und Organisationen wie die Vereinten Nationen fördern Frieden und Wohlstand und zügeln rohe Machtpolitik – weshalb das System in Westeuropa als die »internationale«, »multilaterale«, »liberale« oder »regelbasierte« Ordnung gepriesen wird. In Washington spricht man auch von der »von Amerika geführten« Ordnung – was die Machtverhältnisse besser wiedergibt. Schließlich bekommen die Vereinten Nationen, der Internationale Währungsfonds und die Weltbank New York bzw. Washington als Hauptsitz, während der Dollar zum monetären Stützpfeiler des Systems wird.

Der Aufstieg Chinas zur rivalisierenden Großmacht beginnt diese siebzig Jahre alte Ordnung zu erschüttern. Für Washington stellt diese geopolitische Herausforderung alle anderen in den Schatten. Schritt für Schritt werden die Folgen für das europäisch-amerikanische Verhältnis sichtbar.

Schon unter Obama leiten die Vereinigten Staaten einen »pivot to Asia« ein und verschieben den Fokus auf den asiatisch-pazifischen Raum. Mittelfristig sollen sechzig Prozent der Luft- und Marinestreitkräfte außerhalb der Vereinigten Staaten selbst in Asien stationiert werden; dies läuft auf eine Reduzierung der Militärpräsenz in Europa hinaus. Um die Dominanz Pekings in Ostasien zu begrenzen, bieten die Vereinigten Staaten den Nachbarländern Chinas Schutz an. Eine klassische Strategie. Seit 2010 patrouilliert die amerikanische Marine demonstrativ im Südchinesischen Meer, was China dazu bringt, seine ersten Flugzeugträger zu bauen. Parallel dazu arbeitet Obama an einem Handelsvertrag mit einer Gruppe von asiatischen Ländern, doch ohne China. Diese Trans-Pacific Partnership (TTP) scheitert zwar 2016 im Kongress, doch an der Neuorientierung Richtung Pazifik ändert das nichts. Die europäische Bühne wird zum ersten Mal seit Jahrhunderten zum weltpolitischen Nebenschauplatz. Und auf der globalen Hauptbühne sind die europäischen Akteure zu ihrer Überraschung eher Statisten als Hauptdarsteller.

Unter Trump verschlechtert sich das amerikanisch-chinesische Verhältnis immer schneller. Im August 2018 unterzeichnet der Präsident ein Gesetz, das die internationale Konkurrenz mit China zur strategischen Priorität erklärt; um ihr geopolitisches Primat zu sichern, sollen die Vereinigten Staaten alle Mittel einschließlich wirtschaftlicher und militärischer einsetzen. Einen Handelskrieg mit China hat Trump schon in einer frühen Phase seiner Präsidentschaft entfesselt. Nach einiger Zeit nehmen die Vereinigten Staaten, wachgerüttelt durch Xi Jinpings Zehnjahresplan »Made in China 2025«, auch Technologieunternehmen wie den chinesischen Telekommunikationsgiganten Huawei ins Visier; Washington übt auf europäische und andere Verbündete Druck aus, damit sie China isolieren. Dank der Pandemie findet diese Rivalität den Weg auf die Hauptbühne und in die Weltöffentlichkeit – mit einem heftigen Kampf der Narrative, einem geomedizinischen Impfstoffwettlauf und einem Kräftemessen in der WHO. Im Inland setzt der amerikanische Verteidigungsminister das Tüpfelchen auf das i, indem er kurz vor dem Wahltag anordnet, dass die Militärakademien von 2021 an die Hälfte ihrer Lehrgänge China widmen sollen.[26] Die Volksbefreiungsarmee ist im amerikanischen Denken eindeutig die Nachfolgerin der Roten Armee, sowohl strategisch als auch narrativ. Man arbeitet an einem neuen Kalten Krieg.

Die europäische Öffentlichkeit macht in den Trump-Jahren ebenfalls die Erfahrung einer historischen Zäsur. Zum ersten Mal seit Harry S. Truman (1945-1953) bricht das Weiße Haus mit den Grundsätzen, die das Fundament der Pax Americana gebildet haben. Mit seiner ungeniert nationalistisch-ökonomischen Agenda verabschiedet sich der Präsident von dem Anspruch, dass Machtausübung und Förderung von Stabilität und Freiheit zusammengehören, ja, zwei Seiten derselben Medaille sind. Für Trump geht es allein um Macht; andere Werte sind zweitrangig oder verhandelbar. Europäische Regierungschefs empfinden sich deshalb nicht länger als Verbündete, sondern eher als Vasallen, die Schutzgeld aufbringen sollen. Nicht von ungefähr erklärt Angela Merkel im Mai 2017: »Wir Europäer müssen unser Schicksal wirklich in unsere eigene Hand nehmen.« Sie hat erkannt, dass der Rückzug der Vereinigten Staaten mehr als nur die Laune eines Präsidenten ist. Die amerikanische Bevölkerung ist nicht mehr bereit, den Preis für den Pax-Teil ihrer internationalen Führungsrolle zu bezahlen – weder in Form von Handelsverträgen, die im Inland Arbeitsplätze bedrohen, noch in Form ferner Kriege, in denen Söhne oder Töchter sterben. Gerade diesen Widerwillen hat die Wahl Trumps offenbart. Sein *America First* ist weniger »Isolationismus« als Antiimperialismus des Zentrums.

Mit diesem doppelten Erbe konfrontiert, entscheidet sich Joe Biden, seit Anfang 2021 Präsident eines durch die Pandemie angeschlagenen Landes, für Kontinuität und Umbruch zugleich. An einer Fortsetzung der Konfrontation mit Xi Jinping kommt er nicht vorbei. Angesichts der Stimmung im Land kann Biden sich keine Nachsicht gegenüber dem Machtstreben Chinas erlauben. Doch er bricht mit Trumps Gewohnheit, Verbündete sowie internationale Organisationen in Schwierigkeiten zu bringen und zu schwächen, und positioniert die USA erneut als selbstbewusste Führungsmacht der freien Welt. Das Widerstreben der Wähler und der relative Machtverlust der Vereinigten Staaten werden es ihm allerdings schwer machen, Eigeninteresse und globales Interesse wieder glaubwürdig zusammenzuführen.

In diesem Licht betrachtet haben Umbruch und Kontinuität denselben Ursprung. Angesichts des sich verschärfenden geopolitischen Konflikts mit China zieht Joe Biden die Trumpfkarte des amerikanischen Imperialismus: »Unsere Macht ist eure Freiheit.« Er und viele andere wissen, dass die

Vereinigten Staaten gegen diesen Herausforderer allein nicht bestehen können. Schon Anfang 2019 machte Bidens jetziger Außenminister Antony Blinken den ersten Zug, und zwar mit einem Plädoyer für eine (gemeinsam mit dem Neokonservativen Robert Kagan entworfene) »Liga der Demokratien«.[27] Biden selbst hat für sein erstes Amtsjahr einen »Gipfel der Demokratien« angekündigt. So entfaltet sich in Washington das Narrativ eines neuen Kalten Krieges, in dem der Machtkonflikt mit Peking zum Kampf zwischen Gut und Böse stilisiert wird. Die europäischen Demokratien stehen natürlich auf der Seite des Guten.

Ganz anders die chinesische Positionierung gegenüber Europa: Charakterisiert Xi Jinping das Verhältnis zu den Vereinigten Staaten stets als das zwischen Großmächten, so betont er im Hinblick auf Europa die Gemeinsamkeiten zwischen »großen Kulturen«. Für ihn ist China die älteste noch existierende Kultur; das Land repräsentiert »den Osten«, während in Europa der Ursprung der westlichen Kultur liegt. Aus dieser historischen Verantwortung sollen China und Europa zusammen eine Welt schaffen, in der alle Staaten, ungeachtet ihres politisch-ökonomischen Systems, gleichwertig sind. Außer China und Europa (und dort besonders Griechenland) gehören auch Indien und Ägypten zu den »alten Kulturen«.

Und so bleibt Europa nichts anderes übrig, als zwischen Skylla und Charybdis eine strategische Autonomie zu entwickeln, die es vor Versuchungen bewahrt und ihm eine Rolle auf der Hauptbühne sichert.

Der erste Reflex europäischer Regierungen und EU-Institutionen nach der amerikanischen Präsidentschaftswahl besteht darin, Joe Biden erleichtert die Hand zu reichen, noch bevor er selbst sie ausstreckt.[28] Doch ein paar wesentliche

Unterschiede zum vergangenen Kalten Krieg sollten zu denken geben.

Neu sind die globalen wirtschaftlichen Verflechtungen, deren »virale« Entsprechung die Pandemie ist. Diese Globalisierung, die mit der wirtschaftlichen Öffnung Chinas ab 1978 begann und sich seit den neunziger Jahren beschleunigt, hat den geopolitischen Konflikt verändert. Die Konfrontation zwischen den Vereinigten Staaten und der Sowjetunion war ein Kampf der Ideologien und ein Kampf um Einflussgebiete, mit berühmten Krisenherden wie Berlin, Kuba und Vietnam. Die wirtschaftlichen Beziehungen zwischen dem kapitalistischen Westen und dem Ostblock waren dagegen sehr begrenzt, weshalb es Westeuropa wenig Mühe kostete, Handel und Austausch mit dem kommunistischen Block einzuschränken. Wie anders heute! Die blitzschnelle globale Verbreitung des Coronavirus hat gezeigt, in welchem Maße die weltweiten Lieferketten inzwischen miteinander verwoben sind. Sie in einem Prozess der »Entkopplung« zu entflechten, wofür sich amerikanische Hardliner aussprechen, wäre für Europa wirtschaftlich katastrophal – ganz abgesehen von der Frage, ob es überhaupt möglich ist.

Außerdem offenbart die bestürzend hilflose Antwort Washingtons auf die Pandemie, wie geschwächt, gespalten und verbittert das Land ist, aber auch, wie selbstbewusst und unbeirrbar China seinen Weg geht. Während die Sowjetunion auf dem Höhepunkt ihrer Macht etwa sechzig Prozent der amerikanischen Wirtschaftskraft erreichte, könnte China die USA in absehbarer Zeit nicht nur ökonomisch, sondern auch technologisch und militärisch überholen. Und während kurz nach dem Zweiten Weltkrieg ungefähr die Hälfte der weltweiten Wirtschaftsleistung auf die Vereinigten Staaten entfiel, ist es heute nur noch ein Siebtel. Die Tage einer globalen Vorherrschaft sind gezählt, und das gilt für *beide* imperialen

Großmächte. Notwendig sind Machtgleichgewicht und Ko-existenz.

Das Selbstvertrauen der Europäischen Union und ihre Vorstellung von der eigenen Mission beruhen zum Teil auf der Idee einer universellen, neutralen und machtfreien internationalen Bühne. Von dieser Verheißung lassen jedoch die Pandemie und die durch sie ausgelöste »Politisierung« der Weltgesundheitsorganisation und der UN-Institutionen durch Peking und Washington wenig übrig. Die schwachbrüstige Union muss deshalb nicht nur die *multilaterale* Ordnung zu stützen versuchen (was ohne das Fundament der amerikanischen Macht unmöglich ist), sondern auch eine *multipolare* Ordnung fördern. Die erste und wichtigste Voraussetzung dafür ist, dass die Union selbst zu einem relevanten Pol wird, zur einer Macht unter den Mächten. Erst dann wird Europa von den Vereinigten Staaten und China als Mitakteur auf der Weltbühne ernst genommen werden.[29]

Diese geopolitischen Ambitionen erfordern – wie das amerikanische Beispiel und das chinesische Gegenbeispiel deutlich zeigen – die strategische Fähigkeit, Prioritäten zu bestimmen, gestützt durch den öffentlichen Willen, als Europa zu existieren, zu handeln, Raum einzufordern. Dafür muss sich Europa von der Rolle des Souffleurs verabschieden, der aus dem Off universelle Wahrheiten oder regelpolitische Vereinbarungen deklamiert. Ein Akteur betritt die Bühne und akzeptiert damit, sich in den Strom der Ereignisse zu begeben und in einen Kampf um Territorien, Technologien, Zugang, Einfluss oder Prestige verwickelt zu werden – und er muss die Sprache seiner Gegenspieler sprechen, die Sprache der Macht.[30] Es ist eine völlig neue Rolle; die Texte der vorigen helfen nicht. Improvisation ist bei der neuen Rollenverteilung unvermeidlich. Möglich wird das in unseren liberalen Demokratien nicht durch eine zentral getroffene Entscheidung, sondern nur durch einen langsamen Wandel mit vielen politischen Akteuren auf zahlreichen Ebenen. Einer der drei großen Trümpfe Chinas bei seiner geopolitischen Entfaltung, zentralistische Tatkraft, kommt für Europa nicht in Betracht. Die beiden anderen dagegen, historisches Bewusstsein und eine umfassende strategische Vision, sind durchaus erreichbar.

Die europäische Staatengesellschaft hat eine historische und kulturelle Identität, auf der ein eigenes Selbstverständnis beruht; für alle Beobachter außerhalb des Kontinents ist das evident. Woran es mangelt, ist der Wille – oder die Fähigkeit – der Europäer, diesem Narrativ eine politische Form zu geben. Die Verlockung des Universalismus ist stark, ebenso die Versuchung, in einem »Westen« aufzugehen, der unter anderem auch die Vereinigten Staaten und Kanada umfasst. Doch die Verhältnisse haben sich verändert, das zumindest hat die Pandemie offenbart. Ein deutlich ausgeprägtes, starkes Selbstbild erfordert deshalb eine doppelte narrative Emanzipation. Auf der einen Seite hat der Aufstieg von Xi Jinpings China den Universalismus »provinzialisiert«,[31] auf der anderen hat die Selbstsucht von Trumps Amerika den narrativen Zauber des »Westens« gebrochen. Nach den Jahren 2016 bis 2020 wird es für die Europäer schwierig sein, noch einmal an die Verheißung der Pax Americana zu glauben – auch wenn man die Wirkung der Erzählungsmaschine Washington & Hollywood beim Erschaffen eines neuen Feindes nicht unterschätzen sollte.

Über strategisches Denken, die dritte große Herausforderung, wird in der Union mehr gesprochen als über historisches Bewusstsein und die Verbundenheit in einer Schicksalsgemeinschaft. Die Notwendigkeit, politische, ökonomische und kulturelle Interessen in eine strategische Vision zu integrieren, wird seit einigen Jahren erkannt, nicht zuletzt dank Chinas Vorbild; zusätzlich zu kommerziellen und finanziellen Interessen werden geopolitische Kriterien berücksichtigt. Natürlich sind die Hindernisse gewaltig. Nicht nur wegen der Aufsplitterung der Politik innerhalb der Union, sondern vor allem weil die einzelnen Mitgliedstaaten die strategischen Interessen unterschiedlich definieren. Als Frankreich sich von 2013 an in der Sahel-Region militärisch gegen islamistische Terroristen und für die Sicherheit Europas engagiert (unterstützt unter anderem durch Soldaten aus Dänemark, Deutschland und Estland), gibt es in der deutschen Öffentlichkeit auch Stimmen, die das als neokolonialistisch und Ausdruck eines unangemessenen Strebens nach vergangener nationaler Größe charakterisieren.

Was für die europäische Staatengesellschaft unverzichtbar geworden ist, ist der strategische Austausch über gemeinsame Interessen und Ziele auf der höchsten politischen Ebene. Und dazu sollte es möglichst kommen, *bevor* Fortuna erneut die Verwundbarkeit des Kontinents offenlegt. In den vergangenen Jahren waren es destabilisierende Ereignisse an den Außengrenzen, die den Mitgliedstaaten bewusst gemacht haben, dass sie eine Schicksalsgemeinschaft bilden. Im Konflikt um die Ukraine (2014/15) unterstützt die gesamte Union ein entschiedenes Vorgehen gegen Russland. Erst in der Flüchtlingskrise von 2015/16 wird der nordeuropäischen Öffentlichkeit bewusst, dass das Mittelmeer de facto die Südgrenze der Union ist. Auch die Selbstisolation der Briten (2016 bis 2020) zwingt zum Schließen der Reihen und zu gemeinsamem Handeln.

Im Jahr 2020 haben das pandemische Inferno und die Konfrontation zwischen den Großmächten die europäische Öffentlichkeit wachgerüttelt. Strategische Autonomie ist eine erste, notwendige Antwort. Zugleich erkennen die führenden Politiker in Berlin und Paris, dass die militärische und nukleare Abhängigkeit von den Vereinigten Staaten nicht im Handumdrehen überwunden werden kann. Manche sind sogar der Auffassung, angesichts der begrenzten Mittel und Möglichkeiten Europas erübrige sich jedes Gespräch über geostrategische Ziele.[32] Das ist ein Missverständnis, das ernste Folgen haben könnte. Die Geschichte steht nicht still; die Pandemie offenbart die Gefahr einer bitteren geopolitischen Vereinsamung. Damit die strategische Wende Europas gelingen kann, braucht es ein selbstbewusstes Narrativ, eine zielstrebige Regie und die Anerkennung der historischen Verbundenheit. Nur aus einem gemeinsamen politischen Selbstvertrauen heraus wird die europäische Öffentlichkeit bereit sein, ihre politischen Wortführer in die Welt hinaus zu schicken, um »im Namen Europas« eine relevante Rolle im schärfer werdenden geopolitischen Interessenkonflikt zu reklamieren.

Vielleicht schenkt die Präsidentschaft Joe Bidens den Europäern nach vier Jahren Trump eine Atempause, die sie dazu nutzen können, diese strategische Aufgabe anzugehen und ihre gemeinsame Existenz als Demokratie, Kultur und *body politic* zu sichern. Aber die Zeit wird nicht stehen bleiben.

Epilog: Masken ab!

La mélancolie fait plus de victimes
que le choléra.
Jean Giono, Le Hussard sur le toit[1]

Das Virus, das die Welt 2020 zum Stillstand brachte, hat noch längst nicht ausgewütet. Die Erinnerung an das Pandämonium beginnt natürlich zu verblassen, die Stimmung ändert sich. Die schlimmste physische Angst ist überwunden. Dank der ersten Impfstoffe scheint das Ende der Heimsuchung vorstellbar, obwohl der Weg zur Beherrschung des ansteckenden Eindringlings weit ist und neue Varianten die Strecke immer weiter verlängern können. So quälen Anfang 2021 nicht nur aufflackernde Panik und Erschrecken die Gemüter, sondern auch Ungeduld und Auflehnung, Melancholie und Erschöpfung.

Die Europäische Union hat im ersten Jahr der Pandemie dynamische Spannkraft bewiesen. Der Covid-Ausbruch verursachte Konflikte, Misstrauen und Fehlschläge, mobilisierte aber auch ungeahnte Kräfte und brachte gewaltige Veränderungen in Gang. Die bedrohte Öffentlichkeit forderte politisches Handeln zur Rettung von Leib und Leben: Krankheit und Gesundheit wurden zur öffentlichen Angelegenheit. Nach einem chaotischen Frühjahr reagierte die Politik auf diesen Appell mit dem Anlegen medizinischer Vorräte (im Oktober gingen die ersten Beatmungsgeräte an einen Mitgliedstaat in Not, Tschechien), mit koordinierten Grenzregelungen, mit finanziellen Mitteln in nie dagewesenem Umfang – all dies Ausdruck der Rückbesinnung auf eine europäische *res publica*. So haben in der Coronakrise gemeinsame Erfahrungen und energisches Handeln die Metamorphose der Union vom Marktregulator zum Ereignisbewältiger bestätigt, beschleunigt und vertieft.

Nach dem letzten Gipfel des Jahres stand das europäische Führungstrio Merkel, Michel und von der Leyen der Presse erleichtert Rede und Antwort. Ihr sei ein »Stein vom Herzen gefallen«, sagte die Bundeskanzlerin als Vorsitzende des Rates, nachdem die siebenundzwanzig Regierungschefs die letzte Hürde vor dem massiven, im Juli vereinbarten Corona-Wiederaufbaufonds genommen hatten. Da war sie also, die gemeinsame politische Antwort auf den finanziellen Corona-Schock. Auch die Gesundheitskrise schien man als Union in den Griff zu bekommen. Nach dem Jeder-für-sich im Wettlauf um medizinisches Material im März und April wollten die Regierungen den Pandemie-Erlöser nun koordiniert zu ihren Bürgern bringen. Unmittelbar nach der Zulassung sollten alle Länder den Impfstoff gleichzeitig erhalten, berichtete Merkel – und fügte entspannt hinzu: »Aber ob die erste Impfung in den siebenundzwanzig Mitgliedstaaten auf die Stunde genau gleichzeitig stattfindet, ob die Nadel in derselben Sekunde sticht, das weiß ich nicht.«

Ein *Bild*-Reporter, neugierig, ob die in Amsterdam ansässige Europäische Arzneimittel-Agentur tatsächlich wie versprochen jeden Tag rund um die Uhr arbeitete, notierte kurz vor Weihnachten ärgerlich, dass das Licht dort schon um dreiundzwanzig Uhr erlosch und nicht vor sieben wieder anging: Nie zuvor hatte die Pharma-Regelpolitik so im gnadenlosen Scheinwerferlicht der europäischen Öffentlichkeit gestanden.

Im weltweiten Kampf um Masken und andere Schutzausrüstung machte die Europäische Union kurz nach dem Ausbruch der Pandemie die Erfahrung, dass harte Macht und Handlungsfähigkeit in Notsituationen Regeln, Vereinbarungen und preisliche Anreize ausstechen. Diese Lektion nimmt sie mit in die nächste Phase, in der die Akteure auf der Weltbühne danach beurteilt werden, ob sie in der Lage sind, ihre Bevölkerungen wirksam zu schützen. Strategische Autonomie bleibt die höchste Priorität und drückt sich nun im Zugang zu einem Impfstoff aus, der die Masken überflüssig machen soll. Eine Prestigefrage, wie die britische Regierung erkannte, die ihre Tatkraft als schnellster Impfstoffanwender der Welt (am 8. Dezember bekam eine 90-jährige Engländerin die erste Spritze) der Befreiung aus dem Brüsseler Regelkorsett zuschrieb.[2] Doch nicht nur das: Der Staat, der seine Bürger schnell und in sinnvoller Reihenfolge impfen lässt, bringt zugleich seine Wirtschaft in Schwung, statt sie in vollständigen oder halb wirksamen Lockdowns dahinsiechen zu lassen.

Mit der neuen Verantwortlichkeit, die der Kommission im Sommer 2020 anvertraut wurde, um im Namen der Union für 450 Millionen EU-Bürger Impfstoffe einzukaufen, kamen – gemäß den Prinzipien der Ereignispolitik – unumgänglich Gegenkräfte ins Spiel: öffentliche Kritik und Opposition. Nach dem Maskendebakel vom Frühjahr (als die Kommission in einer Lage, die einen kriegswirtschaftlichen Ansatz erfordert hätte, nicht im Stande war, ihre regelpolitischen Instinkte abzulegen) war ein wenig Skepsis gerechtfertigt, ob sie nun die Handlungsfähigkeit für diesen lebenswichtigen Auftrag aufbringen könnte. Aber die Alternative wäre eine Wiederholung des rohen, die Gesamtheit spaltenden Jeder-für-sich gewesen. Die schnellsten oder reichsten Mitgliedstaaten wären damit vermutlich gut zurechtgekommen. In den langsameren, ärmeren oder sparsameren Staaten würde es aber für Verzweiflung oder neue Ressentiments sorgen, weshalb Bundeskanzlerin Merkel und ihre Kollegen im Juni letztlich Ursula von der Leyen mit dem gemeinsamen Einkauf beauftragten.

Die Debatte beruhigte das nicht, wobei die erste Kritik aus Berlin kam. Als »Planungsdesaster« gar bezeichnete *Der Spiegel* die zögerliche EU-Impfpolitik. Nachdem Jens Spahn bei der Arzneimittel-Agentur Druck gemacht hatte, fanden die ersten Impfungen in der Europäischen Union zwischen Weihnachten und Neujahr statt. Doch die Fragen blieben: Warum hatte die Kommission nicht bei *jedem* Pharma-Unternehmen, mit dem sie Verträge geschlossen hatte, genug Impfdosen für sämtliche EU-Bürger bestellt? Das hätte eventuell die Produktion beschleunigt. War Lobby-Arbeit aus Paris womöglich der Grund dafür, dass ein großer Teil der Order an die französische Firma Sanofi ging? Brachten sparsame Mitgliedstaaten wie die Niederlande und einige Länder in Osteuropa die Kommission davon ab, sich mehr von dem früh verfügbaren, aber auch teuren Impfstoff von Biontech und Pfizer zu sichern? Und warum schloss die deutsche Regierung eine eigene bilaterale Vereinbarung mit Pfizer ab, durch die sie sich noch einmal dreißig Millionen zusätzliche Impfdosen sicherte und zumindest gegen den Geist des gemeinsamen Vorgehens verstieß? All das sind berechtigte Fragen, die ebenso wie viele weitere Aspekte rund um die Pandemie angesprochen und diskutiert werden müssen.

Gleichzeitig war der Stolz der Deutschen in der Debatte deutlich zu spüren: Der Impfstoff von Pfizer-Biontech war in Mainz entwickelt worden, also sollten »wir« auch genug davon abbekommen. Dies resultierte in einer Haltung, die sich sowohl bei der nationalistischen Opposition als auch, überraschenderweise, in den Reihen der regierenden SPD zeigte: Merkel und Spahn hätten diese Aufgabe niemals Brüssel übertragen dürfen. »Ihr Job«, so lautete das Argument, »ist es, deutsche Bürger zu schützen, nicht EU-Bürger.« An genau diesem Punkt (und nicht vorher) wird aus inhaltlicher Kritik »Impfnationalismus«. Man sollte diesen Ausdruck mit Bedacht verwenden. Die Versuchung, jede Kritik an der EU als eine Form von Nationalismus zurückzuweisen, ist eine Schwäche der europäischen Öffentlichkeit. Damit wird jede Debatte erstickt, wohingegen offen vorgetragener Widerspruch und öffentliche Prüfung während der Pandemie von entscheidender, vitaler Bedeutung sind. Das Europäische Parlament, die Europäische Ombudsfrau, die nationalen Parlamente sowie die öffentliche Meinung – sie alle wollen die Taten und die Worte der für politisches Handeln (oder Nicht-Handeln) Verantwortlichen sehen und hören.

Die bitterste Erfahrung des Jahres 2020 war die der geopolitischen Einsamkeit Europas, der man sich schlagartig bewusst wurde. Während die Großmächte China und die Vereinigten Staaten mit allen medizinischen, ökonomischen und narrativen Mitteln um das weltpolitische Primat kämpften, wartete Europa zunächst einsam und unentschlossen ab. Wie kaum jemals zuvor spürte es seine Verwundbarkeit. Besorgniserregend war, dass die ferne, von vielen Europäern als wesensfremd empfundene Volksrepublik in diesem Kampf mehr Erfolg hatte und mehr Respekt einflößte als die Vereinigten Staaten. Mit einem neuen Präsidenten im Weißen Haus müssen die Europäer angesichts dieser Entdeckung den politischen Willen aufbringen, die eigenen Bevölkerungen und Gesellschaften zu *schützen*; das ist ihre strategische Herausforderung. Während die Pandemie allen auf rohe Art begreiflich machte, dass zuerst die *Körper* der Bürger vor Krankheit und Tod beschützt werden müssen, hat das Pandämonium allmählich eine weitere, mindestens ebenso wichtige Bedeutung bekommen. Denn was im unvermeidlichen geopolitischen Titanenkampf der nächsten Jahrzehnte verteidigt werden muss, ist die Gemeinschaft der Europäer, ihre *res publica* und ihre politischen Institutionen. Und dafür wird die Union die Weltbühne selbstsicher und ohne Maske betreten müssen.

Innerhalb Europas ging es im letzten politischen Kampf vor den Auseinandersetzungen rund um den Impfstoff überraschenderweise um den Rechtsstaat. Beim Juli-Gipfel weigerten sich Budapest und Warschau, rechtsstaatliche Bedingungen für die Vergabe von Hilfsmitteln aus den Corona-Fonds und Geldern aus dem Unionshaushalt zu akzeptieren. Regelpolitischem Brauch entsprechend, schoben die Regierungschefs das heiße Eisen anderen EU-Institutionen zu, doch diesmal ohne Erfolg. Die Dynamik der Coronakrise rückt die höchsten demokratischen Werte erstmals in den Brennpunkt der öffentlichen Debatte. Nordeuropäische Wähler, die im Frühjahr zögerten, dem schwer getroffenen Süden zu helfen, bekommen nun zu hören: »In Europa geht es nicht nur ums Geld, sondern auch um Werte.« Teil dieser Werte ist auch, dass Beihilfen nicht in den Taschen korrupter Cliquen verschwinden. Die Erfahrung der geopolitischen Einsamkeit Europas macht es umso dringlicher zu erkennen und auszusprechen, was die Europäer verbindet, das zur Eigenart dieser Gesamtheit der Siebenundzwanzig passende Narrativ zu finden.

Der Konflikt um den Rechtsstaat offenbart ein Spannungsverhältnis zwischen den demokratischen Werten und den geografischen Ambitionen der Europäischen Union; zwischen der in den Verträgen verankerten Treue zum im 19. Jahrhundert entwickelten Modell der liberalen Demokratie und dem seit 1989 Schritt für Schritt verwirklichten Wunsch, den gesamten Kontinent zu umspannen. Die Pandemie, der große Enthüller, macht es schwierig, diesen Konflikt zu verschleiern. Das grundsätzliche Dilemma Europas hat merkwürdig viel Ähnlichkeit mit dem der jungen Vereinigten Staaten zwischen der Unabhängigkeitserklärung im Jahr 1776 und dem

Sezessionskrieg in den Jahren 1861 bis 1865, der die Sklaverei in den südlichen Staaten beendete. Wie in den Vereinigten Staaten kann es zwei oder drei Generationen dauern, bis der Konflikt zwischen den Prinzipien und dem Streben nach kontinentaler Einheit gelöst ist.

Der fortschreitende Übergang vom Kontinent zu einer echten Union führt unter dem Druck der Ereignisse immer wieder zu Überraschungen, großer Aufregung und unvorhergesehenen Wendungen. Die Pandemie, wenn sie denn einmal bezwungen sein sollte, wird Teil der Geschichten sein, die Vergangenheit und Zukunft verbinden und die Europäer dazu ermutigen, ihr Schicksal in die eigene Hand zu nehmen.

So gelangt auch Doktor Rieux in Camus' Roman, als er am Ende seines Berichts über die Pest angelangt ist, zu der Einsicht, dass »diese Chronik nicht die des endgültigen Sieges sein konnte. Sie konnte nur das Zeugnis dessen sein, was vollbracht werden musste und was ohne Zweifel noch alle Menschen vollbringen müssten, die trotz ihrer inneren Zerrissenheit gegen den Schrecken und seine unermüdliche Waffe ankämpfen, die zwar keine Heiligen sein können und die Plagen nicht zulassen wollen, sich aber bemühen, Ärzte zu sein.«[3]

Anmerkungen

Prolog: Panik

1 Daniel Defoe, *Die Pest in London*, aus dem Englischen von Rudolf Schaller, Berlin/Weimar 1978 [1722], S. 26.

2 »Botschaft ›Urbi et Orbi‹ von Papst Franziskus« (12. April 2020).

3 Zitiert in Elise Ann Allen, »Cardinal fears coronavirus could be end of European Union«, in: *Crux* (17. April 2020).

4 Jacques Delors (28. März 2020), zitiert in: Thomas Wieder/Jean-Pierre Stroobants/Virginie Malingre, »Coronavirus: Les divisions de l'Union européenne la placent face à un ›danger mortel‹«, in: *Le Monde* (1. April 2020).

5 Thomas Mayer, »Juncker: ›Nach der Krise werden wir bessere Europäer sein‹«, Interview mit Jean-Claude Juncker, in: *Der Standard* (9. April 2020).

6 Mario Draghi, »We face a war against coronavirus and must mobilise accordingly«, in: *Financial Times* (25. März 2020).

7 Wolfgang Münchau, »How the next Euro crisis could unfold«, in: *Financial Times* (12. April 2020).

8 Zitiert nach Hans von der Burchard, »Italy's Conte warns of EU collapse ahead of crucial financial talks«, in: *Politico* (9. April 2020).

9 Europäische Kommission, »Frühjahrsprognose 2020: Tiefe und ungleichmäßige Rezession, ungewisse Erholung« (6. Mai 2020).

10 Der zunächst auf der Website der Chinesischen Botschaft in Paris veröffentlichte Bericht mit dem Titel »Rétablir des faits tordus. Observations d'un diplomate chinois en poste à Paris« ist dort nicht länger verfügbar; vgl. für den offiziellen Protest der französischen Regierung N. N., »L'ambassadeur de Chine à Paris convoqué pour ›certains propos‹ liés au coronavirus«, in: *Le Monde* (15. April 2020).

11 Vgl. dazu N. N., »Russian senator falsely claims Poles closed airspace to virus aid«, in: *Polygraph.info* (24. März 2020); vgl. zum weiteren Ablauf und zu den Ergebnissen N. N., »Coronavirus disinformation: Moscow overplays its hand«, in: *EUvsDisinfo* (8. April 2020).

12 Dante Alighieri, *Die Göttliche Komödie*, aus dem Italienischen von Hermann Gmelin, Band I, erster Teil: *Inferno – Die Hölle*, Vierunddreißigster Gesang, Z. 135-139. S. 413.

1. Krisenerfahrungen

1 Jean de La Fontaine, *Fabeln*, aus dem Französischen von Ernst Dohm, Berlin 1913, VII. Buch, 1. Fabel, »Die pestkranken Tiere« (1678).

2 Paul Krugman, »Apocalypse fairly soon«, in: *The New York Times* (17. Mai 2012); Willem Buiter, zitiert nach Cheyenne Hopkins/Tom Keene, »Citigroup's Buiter says Europe must stop default now«, Bloomberg (16. November 2011).

3 Daniel Defoe, *Die Pest in London*, a.a.O., S. 32ff.

4 Ein Video sowie ein (französischsprachiges) Transkript des Interviews, das Roula Khalaf und Victor Matte von der *Financial Times* am 17. April 2020 mit Emmanuel Macron geführt haben, ist auf der Website der Zeitung verfügbar.

5 J. K. Rowling, »On monsters, villains and the EU referendum« (Juni 2016), online verfügbar unter {www.jkrowling.com/opinions/monsters-villains-eu-referendum} (alle Internetquellen Stand Januar 2021).

6 Thomas L. Friedman, »Our new historical divide: B.C. and A.C. – the world before corona and the world after«, in: *The New York Times* (17. März 2020).

7 Siehe zum Beispiel Ivan Krastev, *Ist heute schon morgen? Wie die Pandemie Europa verändert*, aus dem Englischen von Karin Schuler, Berlin 2020.

8 Olga Tokarczuk, »Jetzt kommen neue Zeiten!«, in: *Frankfurter Allgemeine Zeitung* (31. März 2020), S. 9.

9 Simon Jenkins, »The corona-crisis has exposed the truth about the EU: It's not a real union«, in: *The Guardian* (10. April 2020).

10 Nils Minkmar, »Was für eine Enttäuschung!«, in: *Spiegel.de* (17. März 2020).

11 Luuk van Middelaar, *Vom Kontinent zur Union. Gegenwart und Geschichte des vereinten Europa*, Berlin 2016 [2009], S. 44-66.

2. Metamorphose: Eine andere Geschichte der Union

1 Benedetto Croce, *Theorie und Geschichte der Historiographie und Betrachtungen zur Philosophie der Politik*, ders., *Gesammelte philosophische Schriften in deutscher Übertragung*, Reihe 1, Bd. 4, aus dem Italienischen von Hans Feist und Richard Peters, Tübingen 1930 [1915], S. 23.

2 Martin Luther, Predigt vom 10. Mai 1535, in: *Werke*, Bd. 41, S. 138, Weimar 1910.

3 In der Eurokrise neigten anscheinend einige Mitglieder des deutschen Bundesverfassungsgerichts diesem Grundsatz zu, und zwar in der Variante »Fiat pactum, et pereat moneta«, keinen Cent für Südeuropa, und ginge der Euro darüber zugrunde.

4 Schon in Bezug auf den mittelalterlichen Fürsten sprach man von einer Bandbreite, die von *jurisdictio* (dem Erlassen von Gesetzen) bis *gubernaculum* (dem Bedienen des Steuerruders) reichte; von der Berufung auf Gewohnheitsrecht über Ratschlag bis zur schnellen, einsamen Entscheidung; vgl. J. G. A. Pocock, *The Machiavellian Moment. Florentine Political Thought and the Atlantic Tradition*, Princeton 1975, S. 26.

5 Mit den ersten beiden Momenten befasse ich mich ausführlicher in *Vom Kontinent zur Union*, a. a. O., Kapitel 4 u. 6; mit den Krisen seit 2008 in *Alarums and Excursions: Improvising Politics on the European Stage*, aus dem Niederländischen von Liz Waters, Newcastle upon Tyne 2019 [2017].

6 Reinhart Koselleck, *Zeitschichten. Studien zur Historik*, Frankfurt am Main 2000, S. 9f.

7 Vgl. zum Unterschied zwischen technischer, prozeduraler und konstitutioneller Entpolitisierung *Alarums and Excursions*, a. a. O., S. 222-227.

8 So Paul-Henri Spaak im Januar 1962, zitiert in Anthony Teasdale, »The Fouchet Plan. De Gaulle's intergovernmental design for Europe«, LSE »›Europe in Question‹ Discussion Paper Series« 117, S. 1.

9 Vgl. für die erste Einschätzung z. B. Jacques Delors, Rede zur Entgegennahme der Medaille des Friedens von Nijmegen (15. März 2010); und Jürgen Habermas, *Zur Verfassung Europas. Ein Essay*, Berlin 2011; für die zweite Herman Van Rompuy, »Non pas renationalisation de la politique européenne, mais européisation de la politique nationale«, Rede an der Pariser Universität Sciences-Po (20. September 2010).

10 1995 traten Schweden, Finnland und Österreich bei, drei während des Kalten Krieges neutrale und geografisch zwischen den Blöcken gelegene Länder.

11 Éric Bussière/Vincent Dujardin, »Entretien avec Jacques Delors« (aufgezeichnet am 13. Januar 2016 in Paris).

12 »Rede von Bundeskanzlerin Merkel anlässlich der Eröffnung des 61. akademischen Jahres des Europakollegs Brügge« (2. November 2010).

13 Vgl. z. B. Manuel Sarrazin/Sven-Christian Kindler, »›Brügge sehen und sterben‹. Gemeinschaftsmethode versus Unionsmethode«, in: *Integration* 3 (2012), S. 214-223. Die beiden Bundestagsabgeordneten der Grünen kommen zu dem Schluss: »Der Weg über die Methode Brügge hingegen könnte für die Europäische Union – wie im Film der Aufenthalt in Brügge für manchen Protagonisten – tödlich sein.« (S. 213)

14 Nachdem Gemeinschaft und Union nach dem Inkrafttreten des Maastrichter Vertrags (1993) zunächst nebeneinander bestanden hatten, hob der Vertrag von Lissabon die Gemeinschaft rechtlich auf und verlieh der Union den Status einer juristischen Person. Bei dieser Gelegenheit wurde der Gemeinschaftsvertrag umgetauft in »Vertrag über die Arbeitsweise der Europäischen Union« (AEUV), der den Vertrag über die Europäische Union (EUV) ergänzt.

15 J. G. A. Pocock, *The Machiavellian Moment*, a. a. O., S. viii.

16 Merkels in einem Bierzelt im Münchener Stadtteil Trudering gehaltene Rede ist auszugsweise dokumentiert in: Adam Soboczynski, »Über diesen so typischen Merkel-Satz rätselt die Welt. Zur Rhetorik der Kanzlerin«, in: *Die Zeit* (31. Mai 2017).

17 Ein Beispiel, das zeigt, wie Deutschland mehrere Wege gleichzeitig verfolgt: Ausgerechnet am 24. Juni 2016, als die Union nach dem britischen Referendum unter Schock steht, erklären die beiden Sozialdemokraten Martin Schulz, Präsident des Europäischen Parlaments, und der damalige Vizekanzler Sigmar Gabriel in dem gemeinsamen Papier »Europa neu gründen«: »Wir müssen nun weiter daran arbeiten, dass die Europäische Kommission künftig zu einer wahren europäischen Regierung umgebaut wird, einer Regierung, die parlamentarisch durch das Europaparlament und eine zweite Kammer der Mitgliedsstaaten kontrolliert wird.«

Zwischenspiel

1 Albert Camus, *Die Pest*, aus dem Französischen von Uli Aumüller, Reinbek bei Hamburg 1998 [1947], S. 77.

2 Diese schöpferische, politische Verantwortung muss also von Verantwortung im Sinne von Disziplin unterschieden werden, wie sie in der Brüsseler Sprache gern aufgefasst wird, dem individuellen Befolgen selbst auferlegter Regeln; vergleiche das deutsche Wort Eigenverantwortung.

3 John Dewey, *Die Öffentlichkeit und ihre Probleme*, aus dem Engli-

schen von Wolf-Dietrich Junghanns, herausgegeben und mit einem Nachwort von Hans-Peter Krüger, Darmstadt 1996 [1927], S. 27.

4 Ebd., S. 65.

5 Ebd., S. 40.

6 Neben dem an den Wahlurnen zum Ausdruck gebrachten Nein zu neuen Verträgen in Dänemark, Frankreich, den Niederlanden und Irland (sowie zum Euro: Schweden 2003) fällt in diese Kategorie auch die unausgesprochene Ablehnung der europäischen Öffentlichkeit gegenüber einem möglichen Beitritt der Türkei. Dieses Signal kam im Laufe der nuller Jahre an, vor allem bei den Regierungschefs (so machte der konservative Kandidat Nicolas Sarkozy die Türkei 2007 zu einem seiner zentralen Themen im französischen Präsidentschaftswahlkampf). Aufschlussreich ist jedoch, dass die Brüsseler Maschine auch diese durch und durch politische Frage nach guter alter Sitte in ein technokratisches Kriterium übersetzte und die »Integrationsfähigkeit« aus dem Hut zauberte. Nach der großen Osterweiterung von 2004 passte angeblich vorerst kein weiteres Mitglied in die Union; vgl. für eine genauere Analyse dieser territorialen Entpolitisierungsstrategie Hans Kribbe, *The Strongmen: European Encounters with Sovereign Power*, London 2020, S. 142-145.

3. Chronik der Coronakrise

1 Defoe, *Die Pest in London*, a. a. O., S. 105.

2 Das Bild der konzentrischen Wellen ist entlehnt von Jeremy Farrar, »The worst of Covid-19 may still be to come«, in: *Financial Times* (21. Juli 2020).

3 Der entsprechende Artikel des Vertrags über die Arbeitsweise der Europäischen Union eröffnet bei aller Zurückhaltung immerhin Möglichkeiten der Koordination bei der »Bekämpfung der weit verbreiteten schweren Krankheiten« und der »Meldung und Bekämpfung schwerwiegender grenzüberschreitender Gesundheitsgefahren« (Art. 168, Abs. 1, AEUV).

4 Vgl. (für den Aufruf von Kyriakides) David M. Herszenhorn/Sarah Wheaton, »How Europe failed the corona test«, in: *Politico* (7. April 2020); (Speranza) N. N., »Italian health minister: Coronavirus is not a justifiable reason to reintroduce Schengen borders«, in: *Schengen visainfo.com* (12. Februar 2020); sowie (für Buzyn und Spahn) Spahns Tweet vom 4. Februar 2020 (13:13).

5 Bedauerlich war außerdem, dass Buzyn einige Tage nach dieser Ratssitzung als Gesundheitsministerin zurücktreten musste. Als angesehene Ärztin, Professorin und Gesundheitspolitikerin hätte die Französin ihre überforderten Amtskollegen vielleicht zu entschlossenerem Handeln anspornen können, doch Präsident Macron verlangte von ihr, für das Amt der Bürgermeisterin von Paris zu kandidieren, nachdem sein ursprünglicher Kandidat sich wegen eines Sexting-Skandals zurückgezogen hatte. »Ich hatte Tränen in den Augen«, sagte Buzyn später zu *Le Monde* über ihren Rücktritt. »Ich wusste, was für ein Tsunami da auf uns zurollte.«

6 Der spanische Ministerpräsident Pedro Sánchez gab das auch unumwunden zu. Bei einem Besuch in Berlin sagte er am 14. Juli 2020: »Wir dachten, diese Pandemie beträfe vielleicht Asien oder Afrika, aber ein System wie unseres, ein Gesellschaftssystem wie unseres, würde irgendwie außen vor bleiben, also keine Pandemie erleiden, so wie das oft bzw. fast systematisch auf anderen Kontinenten passiert. Das war eine Lektion.« Das entsprechende Statement ist auf der Website des Bundeskanzleramts verfügbar.

7 Das Bild stammt von Benoît Renneboog, dem Chefinternisten des Molière-Krankenhauses in Brüssel (persönliches Gespräch mit dem Autor, 31. Juli 2020).

8 So Maggie De Block am 6. März 2020 (12:36) auf Twitter.

9 Die diversen Pressekonferenzen und Statements vor und nach dem Treffen der Gesundheitsministerinnen sind online verfügbar unter: {https://newsroom.consilium.europa.eu/events/20200306-extra ordinary-employment-social-policy-health-and-consumer-affairs-council-health-march-2020}.

10 Maurizio Massari, »Italy needs Europe's help«, in: *Politico* (10. März 2020).

11 Vgl. die entsprechende Pressemitteilung der Kommission vom 24. März 2020.

12 In einer Gemeinsamen Erklärung der Mitglieder des Europäischen Rates nach einer Videokonferenz am 26. März heißt es in Punkt 5: »Wir rufen die Kommission auf, ihre Anstrengungen fortzusetzen und zu beschleunigen, um so dazu beizutragen, dass umgehend eine angemessene Bereitstellung von medizinischer Ausrüstung in der gesamten EU gewährleistet wird, da dies die dringlichste Priorität darstellt.«

13 Vgl. die Pressemeldung »COVID-19: Kommission beschließt erstmals Einrichtung eines Vorrats an medizinischen Ausrüstungen im Rahmen von rescEU« (19. März 2020).

14 So der Bundeswirtschaftsminister in der ARD-Sendung »Bericht aus Berlin« am 15. März 2020; im Juni legte Altmaier nach: »Wir verkaufen unser Tafelsilber nicht«, zitiert in: Ilka Kopplin/Julia Löhr, »Staat sichert sich Curevac-Anteile«, in: *Frankfurter Allgemeine Zeitung* (16. Juni 2020), S. 15.

15 Ebd. Am 6. Juli gab dann die Europäische Kommission per Pressemitteilung bekannt, sie werde Curevac zusammen mit der Europäischen Investitionsbank 75 Millionen Euro für die die Entwicklung und Ausweitung der Produktion von Impfstoffen zur Verfügung stellen.

16 N.N., »Sanofi et un vaccin contre le Covid-19 en priorité pour les Etats-Unis: une polémique vite devenue politique en France«, in: *Le Monde* (14. Mai 2020).

17 Vgl. dazu etwa eine Pressemitteilung der niederländischen Regierung vom 13. Juni 2020.

18 Zitiert nach N.N., »Maggie De Block juge déraisonnable de négocier un vaccin en dehors de l'initiative européenne«, in: *Le Soir* (13. Juni 2020).

19 Jasmin Bauomy, »Coronavirus: EU says it struck deal with Sanofi for 300 million doses of potential COVID-19 vaccin«, in: *Euronews* (31. Juli 2020).

20 Imperial College Covid-19 Response Team, »Report 9: Impact of non-pharmaceutical interventions (NPIs) to reduce COVID-19 mortality and healthcare demand« (16. März 2020).

21 David M. Herszenhorn/Sarah Wheaton, »How Europe failed the coronavirus test«, a. a. O.

22 Vgl. dazu Elena Sánchez Nicolás, »EU experts: Closing borders ›ineffective‹ for coronavirus«, in: *Euobserver* (28. Februar 2020); dies., »Coronavirus: EU at high risk amid global panic«, in: *Euobserver* (3. März 2020).

23 Die entsprechende »Verordnung über einen Gemeinschaftskodex für das Überschreiten der Grenzen durch Personen (Schengener Grenzkodex)« vom 9. März 2016 erlaubt für einen begrenzten Zeitraum Kontrollen an den Binnengrenzen, wenn die öffentliche Ordnung oder die innere Sicherheit in einem Mitgliedstaat ernsthaft bedroht ist.

24 Vgl. »Leitlinien für Grenzmanagementmaßnahmen zum Schutz der Gesundheit und zur Sicherstellung der Verfügbarkeit von Waren und wesentlichen Dienstleistungen« (16. März 2020).

25 In einem Artikel auf *Politico* hieß es gar, die EU habe in Bezug auf die Personenfreizügigkeit und das Schengen-System eine »Nahtod-

erfahrung« gemacht; Paola Tamma/Hanne Cokelaere, »Schengen proves hard to reboot after system meltdown«, in: *Politico* (12. Mai 2020).

26 Alberto Alemanno, »We lived the European dream. Will any politician stand up for open borders?«, in: *The Guardian* (22. Mai 2020).

27 Mitteilung der Kommission, »Hin zu einem abgestuften und koordinierten Vorgehen zur Wiederherstellung der Freizügigkeit und zur Aufhebung der Kontrollen an den Binnengrenzen« (15. Mai 2020).

28 Vgl. N.N., »Poland to join Baltic travel bubble next week«, in: *Kafkadesk* (5. Juni 2020).

29 Zitiert nach Terje Solsvik/Jacob Gronholt-Pedersen, »Sweden excluded as neighbours Denmark and Norway ease travel restrictions«, *Reuters* (29. Mai 2020).

30 Zitiert nach Cristina Gonzalez, »Don't treat Italy as a leper colony due to coronavirus, says minister«, in: *Politico* (30. Mai 2020).

31 Zitiert nach N.N., »Poland to join Baltic travel bubble next week«, a.a.O.

32 Ein wichtiger Unterschied: Das Vereinigte Königreich hat immer eine definitive Ausnahme nur für sich selbst gefordert, in der Pandemie geht es um eine vorübergehende für alle.

33 Die Rede der Kommissarin vom 7. Mai 2020 ist (in englischer Sprache) auf der Website der Kommission verfügbar.

34 Zitiert nach Luuk van Middelaar, *Vom Kontinent zur Union*, a.a.O., S. 68.

35 Die juristische Einbettung war kein Problem, da Unionsbürgern vertraglich das Recht auf konsularischen Schutz durch einen anderen Mitgliedstaat zukommt, wenn der eigene Staat im betreffenden Land keine Vertretung hat oder aus anderen Gründen keinen konsularischen Schutz bieten kann (Art. 23 AEUV).

36 Matina Stevis-Gridneff, »E.U. may bar American travellers as it reopens borders, citing failures on virus«, in: *The New York Times* (23. Juni 2020).

37 Ein (englischsprachiges) Transkript der Pressekonferenz vom 12. März 2020 ist auf der Website der EZB verfügbar. Lagarde versuchte, ihren Ausrutscher schnellstmöglich zu korrigieren, etwa in einem Interview mit CNBC, dessen Kernsatz dem Transkript als Fußnote angefügt ist: »Ich bin fest entschlossen, in diesem für die Eurozone schwierigen Moment jegliche Form der Fragmentierung zu verhindern. Vom Coronavirus verursachte Zinsabstände würden die Umsetzung der Geldpolitik erschweren. Wir werden die im Wertpapieraufkaufprogramm vorgesehene Flexibilität nutzen.«

38 So Sergio Mattarella am 12. März, zitiert in: Martin Arnold/Tommy Stubbington, »Lagarde triggers investors jitters as ECB launches virus response«, in: *Financial Times* (13. März 2020).

39 Christine Lagarde, »Our response to the coronavirus emergency« (19. März 2020).

40 Die Bedrohung geht ja nicht von sich selbst erfüllenden Untergangsprophezeiungen aus, sondern von einem sich vermehrenden Virus. Deshalb wäre das eigentliche Pendant zu Draghis »whatever it takes«, dem Versprechen, als *lender of last resort* aufzutreten, in der Pandemie die Entwicklung eines Impfstoffs oder Medikaments – *curer of last resort*.

41 Jérôme Batout, »La résolution, historique, d'émettre une dette européenne mutualisée sur les marchés financiers est le signal que quelque chose a changé«, in: *Le Monde* (12. Juni 2020).

42 Um präziser zu sein: Die EZB kann, wenn auch eingeschränkt, dabei helfen, einen Angebotsschock abzufedern (etwa durch niedrige Zinsen oder die Schaffung eines positiven Investitionsklimas für die Unternehmen); im Fall eines Nachfrageschocks sind ihre Handlungsmöglichkeiten größer (so könnte sie beispielsweise das unkonventionelle Mittel des »Helikoptergelds« einsetzen und Geld über die Banken und Sparkassen an individuelle Haushalte überweisen). Allerdings ist ihr Spielraum in einer Situation mit historisch niedrigen oder sogar negativen Zinsen sowie mit massiven Programmen der qualitativen Lockerung gering, und die Gefahr negativer Nebenwirkungen (etwa in Form größerer Unsicherheit für die privaten Banken) ist real. Daher liegt das Hauptaugenmerk der EZB auf dem dritten großen Risiko: der finanziellen Unsicherheit auf den Märkten. Während Lagarde die Regierungen auf ihre Verantwortlichkeit in den ersten beiden Bereichen hinweisen wollte, versagte sie selbst im dritten.

43 Ein erstes Maßnahmenpaket kündigte die Bundesregierung bereits am 9. März 2020 an, weitere folgten am 13., 23., 24. und 27. desselben Monats. Die entsprechenden Maßnahmen addierten sich bis Anfang August auf direkte Zuschüsse in Höhe von 8,3 Prozent des deutschen BIP, gestundete Steuerzahlungen in Höhe von 7,3 und Liquiditätsgarantien in Höhe von 24 Prozent des BIP – (mit Abstand) die höchsten Zahlen in Europa; vgl. dazu die Übersicht von Julia Anderson et al., »The fiscal response to the economic fallout from the coronavirus« (5. August 2020), online verfügbar unter {https://www.bruegel.org/publications/datasets/covid-national-dataset}.

44 »Coronavirus: Kommission schlägt in Reaktion auf Pandemie Akti-

vierung der im fiskalpolitischen Rahmen vorgesehenen allgemeinen Ausweichklausel vor«, Pressemitteilung (20. März 2020).

45 »Gemeinsame Erklärung der Mitglieder des Europäischen Rates« (26. März 2020).

46 Hans von der Burchard/Ivo Oliveira/Eline Schaart, »Dutch try to calm north-south economic storm over coronavirus«, in: *Politico* (27. März 2020).

47 Michaela Wiegel/Konrad Schuller, »Merkel konnte, Macron musste«, in: *Frankfurter Allgemeine Sonntagszeitung* (24. Mai 2020), S. 7; siehe auch Guy Chazan et al., »Coronavirus crisis revives Franco-German relations«, in: *Financial Times* (13. April 2020).

48 Vgl. Paola Tamma, »EU governments roll back wage support despite corona uncertainty«, in: *Politico* (10. August 2020).

49 Im Zuge der Pandemie gibt die Kommission den 27 Mitgliedstaaten zwischen Mitte März und Anfang Juli grünes Licht für Staatshilfen in Höhe von 2,9 Billionen Euro. Davon entfallen 58 Prozent (!), also etwa 1,7 Billionen, auf Deutschland; vgl. dazu Jade Grandin de l'Eprevier, »Aides d'état: l'Allemagne fausse-t-elle la concurrence?«, in: *L'Opinion* (30. September 2020), die Angaben basieren auf einer Studie der Banque de France. Die Höhe der Kosten der Wiedervereinigung sind umstritten; gemeinhin geht man jedoch von Aufbauhilfen (Sozialleistungen nicht eingeschlossen) von 300 Milliarden Euro aus.

50 Zitiert nach Wiegel/Schuller, »Merkel konnte, Macron musste«, a. a. O.

51 Siehe Anmerkung 4 zu Kapitel 1.

52 So Angela Merkel bei einem Treffen mit der FDP-Bundestagsfraktion im Juni 2012; zitiert nach N. N., »Merkel zieht mit klarer Kampfansage in den EU-Gipfel«, in: *Handelsblatt* (27. Juni 2012).

53 Vgl. David M. Herszenhorn/Jacopo Barigazzi/Rym Momtaz, »Virtual summit, real acrimony: EU leaders clash over ›corona bonds‹«, in: *Politico* (27. März 2020). Wirtschaftsminister Peter Altmaier, ein enger Vertrauter von Merkel, bezeichnete die Diskussion über Coronabonds in einem Interview als »Gespensterdebatte«; Moritz Koch/Thomas Sigmund/Klaus Stratmann, »›Die Diskussion über Euro-Bonds ist eine Gespensterdebatte‹«, in: *Handelsblatt* (24. März 2020).

54 Thomas Wieder/Cécile Boutelet, »Comment Angela Merkel s'est convertie au plan de relance pour éviter l'›effondrement‹ de l'Europe«, in: *Le Monde* (17. Juli 2020).

55 Robin Alexander/Jacques Schuster, »›Niemand ist vor dem Beifall von der falschen Seite sicher‹«, Interview mit Wolfgang Schäuble, in: *Welt am Sonntag* (24. Mai 2020), S. 4.

56 Siehe zu dieser Episode den Abschnitt »Improvisation« in Kapitel 4.

57 Marc Peeperkorn, »Hoe twee Nederlandse ›wonderkinderen‹ de architecten van het Europese herstelfonds werden«, in: *de Volkskrant* (16. Juli 2020).

58 Florian Gathmann et al., »Sie finden einander nicht nur gut«, in: *Spiegel.de* (15. Juni 2020).

59 Eine Übersicht zu den bilateralen Kontakten bietet Ralf Drachenberg, »Outcome of the Special European Council meeting of 17-21 July 2020«, in: *European Parliament Research Service Blog* (23. Juli 2020).

60 Siehe z. B. Zsolt David, »Having the cake, but slicing it differently: How is the grand EU recovery fund allocated?«, *Bruegel.org* (23. Juli 2020).

61 Dies zum Verdruss von Kommission und Parlament, die mit den Ermäßigungen – einst von der halsstarrigen Thatcher erzwungen, aber eigentlich ein Verstoß gegen das Gleichheitsprinzip – gern kurzen Prozess gemacht hätten. Deutschland behält seine Ermäßigung, schlägt deren Erhöhung jedoch aus.

62 In den Schlussfolgerungen nach dem Gipfel heißt es unter A24 lediglich: »Der Europäische Rat unterstreicht die Bedeutung, die der Achtung der Rechtsstaatlichkeit zukommt.«

63 Kursivierung LvM.

64 Einen Überblick über die Reaktionen nach dem Gipfel bietet Laurenz Gehrke, »How Europe reacted to the new EU budget and coronavirus recovery fund deal«, in: *Politico* (21. Juli 2020).

65 »Statement by His Holiness the Dalai Lama welcoming EU agreement« (22. Juli 2020).

66 Clara van der Wiel, »Ursula von der Leyen: ›We staarden in de afgrond‹«, in: *NRC Handelsblad* (24. Juli 2020).

4. Das Theater der Öffentlichkeit

1 Alexis de Tocqueville, *Über die Demokratie in Amerika*, aus dem Französischen von Hans Zbinden, München 1976 [1835/40], S. 494.

2 Miles Johnson/Sam Fleming/Guy Chazan, »Coronavirus: Is Europe losing Italy?«, in: *Financial Times* (6. April 2020).

3 So verließ beispielsweise 2018 der fiskalkonservative Chefökonom Ludger Schuknecht das Bundesfinanzministerium. An seine Stelle rückte unter Olaf Scholz der ehemalige Europaabgeordnete Jakob

von Weizsäcker (SPD), der bereits 2011 einen Vorschlag für eine Art Eurobonds präsentiert hatte.

4 Auch die Niederlande oder Österreich haben ein Vetorecht, doch beim Tauziehen um bedeutende Finanzfragen, die einen einstimmigen Beschluss zwingend erforderlich machen, hat das weniger Gewicht.

5 So Angela Merkel in ihrer Fernsehansprache am 18. März 2020; die Zitate von Mark Rutte und Emmanuel Macron stammen aus einer Pressekonferenz vom 12. März bzw. aus Macrons »Adresse aux Français« vom 13. April 2020.

6 Hannah Arendt, *Vita activa oder Vom tätigen Leben*, München/Zürich 1981 [1958], S. 313 f.

7 Vgl. Luuk van Middelaar, *Alarums and Excursions*, a. a. O., Kapitel 1.

8 Ivan Krastev, *Ist heute schon morgen?*, a. a. O., S. 63.

9 Vgl. zu dieser Aussage und den empörten Reaktionen Werner Mussler, »Dijsselbloem: ›Ich bedaure, dass es als ›Nord‹ gegen ›Süd‹ aufgefasst wurde‹«, in: *Frankfurter Allgemeine Zeitung* (22. März 2017).

10 Heiko Maas/Olaf Scholz, »Eine solidarische Antwort auf die Corona-Krise in Europa« (5. April 2020).

11 Drei scharfsinnige politische Philosophen des 20. Jahrhunderts haben die Macht und die Reichweite des »öffentlichen Lebens«, jeder auf seine bzw. ihre Weise, hervorgehoben. Neben den bereits zitierten John Dewey (in *Die Öffentlichkeit und ihre Probleme*, a. a. O.) und Hannah Arendt (*Vita activa*, a. a. O., insbesondere die §§ 7, 27 und 28) gehörte der finstere Nazi-Ideologe Carl Schmitt dazu (*Verfassungslehre*, Berlin 1993 [1928], S. 243 f.).

12 Jens Südekum/Gabriel Felbermayr/Michael Hüther/Moritz Schularick et al., »Europa muss jetzt finanziell zusammenstehen«, in: *Frankfurter Allgemeine Zeitung* (21. März 2020).

13 Ich folge hier einem Argument, das Mathieu Segers in dem Artikel »Corona: Hoe komen we uit de vertrouwenscrisis? Europa's grote draai« (*De Groene Amsterdammer* [15. April 2020]) entwickelt hat.

14 Das naive YouTube-Filmchen, in dem sie sich, die Europahymne summend, gemäß WHO-Empfehlungen die Hände wäscht, brachte ihr keinen Applaus ein. Diese Rolle hätte sie besser Gloria »I Will Survive« Gaynor überlassen.

15 In den Vertragstexten weist nichts auf diese wesentliche Rolle hin. Der Vertrag über die Europäische Union beschränkt sich auf die nüchterne Aussage: »Wenn es die Lage erfordert, beruft der Präsident eine außerordentliche Tagung des Europäischen Rates ein.« (Art. 15, Abs. 3)

16 Siehe Bernardo de Miguel/Carlos E. Cué, »Do we have a deal, Pedro?‹ An inside look at the clash at EU coronavirus summit«, in: *El País* (28. März 2020).

17 In seiner originellen und gründlichen Dissertation *Membership of the European Council in a Historical and Constitutional Perspective* (Universität von Amsterdam 2020) zeichnet David Nederlof nach, wie der französischen Präsident Valéry Giscard d'Estaing und der deutsche Bundeskanzler Helmut Schmidt einander direkt nach der Einrichtung der Institution Anfang 1975 selbstbewusst als »Mitglieder des Europäischen Rates« ansprachen und das Gremium als Bühne für gemeinsames Handeln nutzten. Fast alle ihre Nachfolger – besondere Bekanntheit erlangten die Paare Mitterrand-Kohl, Sarkozy-Merkel und nun Macron-Merkel – taten es ihnen nach.

18 Im Englischen ist in diesem Zusammenhang von einer »public policy sphere« die Rede; vgl. Jos de Beus, »The European Union as a community. An argument about the public sphere in international society and politics«, in: *Communitarianism in Law and Society*, herausgegeben von Paul van Seters, Lanham 2006, S. 71-108, S. 76.

19 Siehe ausführlicher zu diesem Punkt Luuk van Middelaar, *Alarums and Excursions*, a. a. O., Kapitel 7.

20 Vgl. dazu Peter Mair, »Government and opposition in the European Union«, in: *Government and Opposition* 42/1 (Winter 2007), S. 1-17; Mair greift darin u. a. Überlegungen auf, die Otto Kirchheimer in seinem Aufsatz »The waning of opposition in parliamentary regimes« formuliert hat (in: *Social Research* 24 [1957], S. 129-156).

21 Denkwürdig war Orbáns Besuch beim bayerischen Ministerpräsidenten Horst Seehofer am 23. September 2015. Seehofer sah Merkels Politik der offenen Grenzen damals ebenso kritisch wie sein Gast und wollte, obwohl er Vorsitzender einer Regierungspartei war, in dieser Frage seinen oppositionellen Standpunkt markieren. Anti-Merkel-Demonstranten empfingen den Ungarn begeistert als Verteidiger der europäischen Kultur. Ein koselleckches Vorbeben im deutschen Boden.

22 Vgl. dazu die Aussagen und Analysen von Augenzeugen und Experten in Claire Gatinois/Nicolas Ruisseau, »En Biélorussie, la révolution des femmes ébranle le pouvoir«, in: *Le Monde* (31. Juli 2020); James Shotter/Max Seddon, »Protests break out in wake of Belarus presidential vote«, in: *Financial Times* (10. August 2020); siehe auch: N. N., »Weißrussland: Machthaber Lukaschenko räumt Covid-19-Erkrankung ein«, in: *Der Spiegel* (28. Juli 2020).

23 Lorenzo Marsili/Ulrike Guérot, »Elites have failed us. It is time to

create a European republic«, in: *The Guardian* (10. Mai 2020). Ers- terer verfasste (zusammen mit Niccolò Milanese) das Buch *Wir hei- matlosen Weltbürger* (Berlin 2019); von Letzterer stammt unter an- derem *Warum Europa eine Republik werden muss! Eine politische Utopie* (Bonn 2016).

5. Geopolitik: Zwischen China und den USA

1 Iwan Goll, *Die Eurokokke*, Berlin 2002 [1927], S. 151 f.

2 Susan Sontag, *Illness as Metaphor & Aids and its Metaphors*, Lon- don 1989, S. 133.

3 Bob Woodward, *Wut*, aus dem Englischen von Henriette Zeltner- Shane, Monika Köpfer u. a., München 2020, S. 20.

4 Ebd., S. 13.

5 Zitiert nach Natasha Korecki/Alex Isenstadt/Anita Kumar et al., »Inside Donald Trump's 2020 undoing«, in: *Politico* (7. November 2020).

6 In einer Pressemitteilung vom 6. April 2020 quittiert die Kommis- sion den Eingang einer chinesischen Spende in Italien, weist aber im Gegenzug darauf hin, dass man im Februar 56 Tonnen Hilfsgüter nach China gesandt habe.

7 Siehe Anmerkung 10 zum Prolog.

8 Siehe z. B. Annelie Naumann/Christian Schweppe, »China will deutsche Beamte zu Propagandisten machen«, in: *Welt am Sonntag* (12. April 2020).

9 Mikko Huotari, zitiert nach Stuart Lau, »Coronavirus: Germany ›rejected China's bid for positive spin‹ on pandemic response«, in: *South China Morning Post* (27. April 2020).

10 Vgl. zu dieser Einschätzung den von John Seaman herausgegebenen Sonderbericht *Covid-19 and Europe-China Relations. A Country- Level Analysis* (29. April 2020) des European Think-tank Network on China (ETNC), darin insbesondere die Einleitung des Herausge- bers »China as partner, competitor and rival amid Covid-19« (S. 5-10).

11 Fintan O'Toole, »Donald Trump has destroyed the country he prom- ised to make great again«, in: *The Irish Times* (25. April 2020).

12 Zitiert nach Edward Luce, »Inside Trump's coronavirus meltdown«, in: *Financial Times* (14. Mai 2020).

13 Vgl. Stuart Lau, »EU toned down report on Chinese disinformation after Beijing threatened ›repercussions‹, diplomatic sources say«, in: *South China Morning Post* (25. April 2020).

14 Zitiert nach: Matt Apuzzo, »Top E. U. diplomat says disinformation report was not watered down for China«, in: *The New York Times* (30. April 2020); James Pasley, »EU says it didn't bow to pressure from China to water down a critical corona virus report but not everybody is convinced«, in: *Business Insider* (1. Mai 2020).

15 Damit niemand diese Ereignisse vergisst, haben Fotos von lachenden britischen und französischen Soldaten auf dem Kaiserthron einen Ehrenplatz in der 2011 eröffneten Dauerausstellung »Der Weg zur Erneuerung« im Chinesischen Nationalmuseum bekommen, in dem Präsident Xi im Folgejahr eine programmatische Rede hielt. Als ein englischer Journalist, der die Truppen 1860 begleitet hatte, von Chinesen zu Tode gefoltert worden war, brannten die Briten auch noch den Sommerpalast nieder. »Denn was würde die *Times* in London über mich schreiben«, sagte ihr Kommandeur Lord Elgin freimütig einem französischen Kollegen, »wenn ich ihren Korrespondenten nicht rächen würde?«

16 Siehe zur Bedeutung der kolonialen Demütigung für das chinesische Selbstbild Frans-Paul van der Putten, *De wederopstanding van China. Van prooi tot wereldmacht*, Amsterdam 2020.

17 2019 kam als erster vormals nicht kommunistischer Staat Griechenland hinzu; seitdem spricht man vom »17+1«-Gipfel.

18 Siehe dazu Punkt 3 der Schlussfolgerungen der Außerordentlichen Tagung des Europäischen Rates am 1. und 2. Oktober 2020; der französische Staatspräsident Emmanuel Macron, der bereits früher von »europäischer Souveränität« gesprochen hatte, hat inzwischen erkannt, dass die Latte damit sehr hoch liegt, und verwendet nun auch den Begriff »strategische Autonomie«; siehe dazu sein Gespräch mit der Plattform *Le Grand Continent* vom 16. November 2020.

19 Die Ausführungen auf den folgenden Seiten orientieren sich an dem (vom Autor des vorliegenden Buches mit verfassten) Bericht *China and the Strategic Tasks for the Netherlands in Europe* (26. Juni 2019) des Adviesraad Internationale Vraagstukken, eines unabhängigen Instituts, das die niederländische Regierung in außenpolitischen Fragen berät.

20 So berichtete es Bundeskanzlerin Angela Merkel in ihrer Rede zur 55. Münchner Sicherheitskonferenz am 16. Februar 2019 in München.

21 Auf die Frage nach der Gefahr eines Atomkriegs antwortete Mao Zedong einmal, ein paar Hundert Millionen Tote seien zu verkraften, man werde sich ins chinesische Hinterland zurückziehen und neu beginnen.

22 Bei einem Staatsbesuch in Athen unterstützte Xi 2019 emphatisch seine griechischen Gastgeber im Kampf um den Parthenonfries und die dazugehörigen Skulpturen, Raubkunst im britischen Trophäenschrank. Lord Elgin, Vater jenes anderen Lord Elgin, der den Kaiserlichen Sommerpalast niederbrennen ließ, hatte die antiken Marmorkunstwerke von der Akropolis in den Jahren 1801 bis 1812 nach England geschafft. Schon seit Langem fordern die Griechen den im Britischen Museum ausgestellten Schatz zurück. Dass Xi in dieser Fehde Partei ergreift, bringt ihm in Griechenland, Brückenkopf der Seidenstraße, Sympathien ein. Außerdem kann sich Peking so als Rächer kolonialer Untaten des Westens inszenieren, womit es in Afrika, Asien und Lateinamerika punktet. In der Zeitung *Kathimerini* betonte der chinesische Präsident die Gemeinsamkeiten der beiden Länder als »alte Kulturen« unter dem Motto: »Ihr habt Sokrates, wir Konfuzius.«

23 Europäische Kommission, »Gemeinsame Mitteilung an das Europäische Parlament, den Europäischen Rat und den Rat. EU-China – Strategische Perspektiven« (12. März 2019).

24 Auch China meldete sich 1917 auf der europäisch-geopolitischen Bühne. Das Land entsandte zwar keine Soldaten, aber 150000 Arbeitskräfte oder »Kulis«, was Frankreich und Großbritannien in die Lage versetzte, mehr eigene Truppen an die Front zu schicken, und in Paris zur Entstehung des ersten chinesischen Viertels in Kontinentaleuropa führte.

25 Geir Lundestad, *The United States and Western Europe since 1945: From Empire by Invitation to Transatlantic Drift*, Oxford 2003.

26 Vgl. Robert Delaney, »US military academics to devote half of course work to China, says defence chief«, in: *South China Morning Post* (16. Oktober 2020).

27 Antony J. Blinken/Robert Kagan, »›America First‹ is only making the world worse. Here's a better approach«, in: *The Washington Post* (1. Januar 2019).

28 Entsprechende Strategiepapiere der Kommission und des Europäischen Rates kursierten bereits Anfang Dezember in Brüssel; vgl. David M. Herszenhorn, »EU extends a hand (or two) to Joe Biden«, in: *Politico* (1. Dezember 2020).

29 Um einer multipolaren Ordnung willen hoffte China in den ersten Jahren des 21. Jahrhunderts, dass Europa diesen Weg einschlagen würde (eine Hoffnung, die durch die Uneinigkeit Europas und seine Unterordnung unter die USA enttäuscht wurde). Rückblickend sagte der ehemalige Kommissionspräsident (1999-2004) Romano Prodi

2019 in einem Gespräch mit *Le Grand Continent*: »Während des Treffens, bei dem ich China den Euro vorgestellt habe, hat der chinesische Ministerpräsident aus einem interessanten Grund seine unbedingte Zustimmung ausgedrückt, nämlich, wenn es einen Euro neben dem Dollar gebe, dann werde in Zukunft auch Platz für den Renminbi sein.«

30 Siehe dazu ausführlicher Hans Kribbe, *The Strongmen*, a. a. O.

31 Bestärkt durch die pandemische Implosion der Vereinigten Staaten sagt ein regierungstreuer chinesischer Intellektueller im Sommer 2020 gegenüber der *New York Times*: »Als ich schwach war, musste ich das Spiel nach Euren Regeln spielen. Jetzt bin ich stark und selbstbewusst, warum sollte ich da nicht meine eigenen Regeln, Werte und Ideen formulieren?«

32 Vgl. Annegret Kramp-Karrenbauer, »Europe still needs America«, in: *Politico* (2. November 2020).

Epilog: Masken ab!

1 Jean Giono, *Le Hussard sur le toit*, Paris 1972 [1951], S. 464.

2 Tatsächlich war diese Schnelligkeit durchaus mit den bis 31. Dezember 2020 geltenden EU-Regeln kompatibel: Sie erlauben ein beschleunigtes Zulassungsverfahren unter der Voraussetzung, dass der (Mitglied-)Staat die Verantwortung für einen eventuellen Fehlschlag übernimmt, während sie nach einem vollständigen Zulassungsverfahren beim Hersteller liegt – eine vorsichtigere Variante, der die EU-Mitglieder den Vorzug gaben.

3 Albert Camus, *Die Pest*, a. a. O., S. 350.

Dank

Die in diesem Buch vorgeschlagene Deutung der europäischen Reaktion auf die Coronakrise basiert weitgehend auf öffentlich zugänglichen Quellen. Sie wäre jedoch nicht möglich gewesen ohne den fruchtbaren Austausch mit Freunden und anderen Gesprächspartnern in den und rund um die Kulissen von Berlin, Brüssel, Den Haag, Frankfurt am Main, Paris und Rom. Ihnen allen möchte ich dafür ganz herzlich danken.

Besonderer Dank gilt Hans Kribbe sowie Monika Sie Dhian Ho und Frans-Paul van der Putten für die (geo)politischen Einsichten, die ich aus unseren Gesprächen mitgenommen habe; meinem Verleger Patrick Everard (Historische Uitgeverij) und meinem Lektor Heinrich Geiselberger (Suhrkamp) für den Ansporn und ihr gutes Auge; und Manon de Boer und Julius für die kraftspendende Nähe im Jahr der Pandemie.

LvM, 21. Januar 2021

Themenschwerpunkt »Europa« in der edition suhrkamp

Perry Anderson. Das italienische Desaster. edition suhrkamp digital. 80 Seiten

Wolfgang Bauer. Über das Meer. Mit Syrern auf der Flucht nach Europa. es-Sonderdruck. 133 Seiten

Ulrich Beck. Das deutsche Europa. Neue Machtlandschaften im Zeichen der Krise. edition suhrkamp digital. 80 Seiten

Hauke Brunkhorst. Das doppelte Gesicht Europas. Zwischen Kapitalismus und Demokratie. es 2676. 216 Seiten

Hans Magnus Enzensberger. Sanftes Monster Brüssel oder Die Entmündigung Europas. es-Sonderdruck. 73 Seiten

Heiner Flassbeck. Zehn Mythen der Krise. edition suhrkamp digital. 61 Seiten

Heinrich Geiselberger (Hg.). Die große Regression. Eine internationale Debatte über die geistige Situation der Zeit. es-Sonderdruck. 319 Seiten

Jürgen Habermas. Zur Verfassung Europas. Ein Essay. es-Sonderdruck. 140 Seiten

Ivan Krastev. Europadämmerung. Ein Essay. Übersetzt von Michael Bischoff. es 2712. 143 Seiten

Claus Leggewie. Die Anti-Europäer. Breivik, Dugin, al-Suri & Co. es-Sonderdruck. 176 Seiten

Robert Menasse. Heimat ist die schönste Utopie. Reden (wir) über Europa. es 2689. 176 Seiten

Jan-Werner Müller. Wo Europa endet. Ungarn, Brüssel und das Schicksal der liberalen Demokratie. edition suhrkamp digital. 79 Seiten

Claus Offe. Europa in der Falle. es 2691. 160 Seiten

Heribert Prantl. Trotz alledem! Europa muss man einfach lieben. es-Sonderdruck. 93 Seiten

Katharina Raabe/Manfred Sapper (Hg.). Testfall Ukraine. Europa und seine Werte. es-Sonderdruck. 256 Seiten

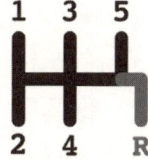

Die große Regression
Eine internationale Debatte über
die geistige Situation der Zeit
Herausgegeben von Heinrich
Geiselberger
319 Seiten
€ 18,00 [D] / € 18,50 [A]
ISBN 978-3-518-07291-2
Auch als eBook erhältlich

Spätestens seit sich die Folgen der Finanzkrise abzeichnen und
die Migration in die Europäische Union zunimmt, sehen wir uns
mit Entwicklungen konfrontiert, die viele für Phänomene einer
längst vergangenen Epoche hielten: dem Aufstieg nationalisti-
scher, teils antiliberaler Parteien, einer tiefgreifenden Krise der
EU, einer Verrohung des öffentlichen Diskurses durch Demago-
gen wie Donald Trump, wachsendem Misstrauen gegenüber
den etablierten Medien und einer Verbreitung fremdenfeindli-
cher Einstellungen.

In diesem Band untersuchen international renommierte Forscher und Intellektuelle die Ursachen dieser »Großen Regression«, verorten sie in einem historischen Kontext, erörtern Szenari-
en für die nächsten Jahre und diskutieren Strategien, mit denen
wir diesen Entwicklungen entgegentreten können.

Mit Beiträgen von Arjun Appadurai, Zygmunt Bauman, Ivan Krastev, Paul Mason, Wolfgang Streeck, Slavoj Žižek u. a.

edition suhrkamp